바쁜 비즈니스맨을 위한 맞춤형 여행 가이드북

비즈니스 여행
코스 가이드북

상상출판

비즈니스 여행
코스 가이드북

초판 1쇄 | 2017년 10월 2일

글과 사진 | 김충식

발행인 겸 편집인 | 유철상
책임편집 | 강경선
디자인 | Mia Design
지도 | 주인지, 조연경
교정·교열 | 강경선
마케팅 | 조종삼, 조윤선, 안남영

펴낸 곳 | 상상출판
주소 | 서울시 정릉천동로 58, 103동 206호(용두동, 롯데캐슬피렌체)
구입·내용 문의 | 전화 02-963-9891 팩스 02-963-9892
이메일 | cs@esangsang.co.kr
등록 | 2009년 9월 22일(제305-2010-02호)
찍은 곳 | 다라니

※가격은 뒤표지에 있습니다.

ISBN 979-11-87795-40-7(13980)
© 2017 김충식

※ 이 책은 상상출판이 저작권자와의 계약에 따라 발행한 것이므로
본사의 서면 허락 없이는 어떠한 형태나 수단으로도 이용하지 못합니다.
※ 잘못된 책은 구입하신 곳에서 바꿔 드립니다.
※ 이 도서의 국립중앙도서관 출판예정도서목록(CIP)은 서지정보유통지원시스템 홈페이지(http://seoji.nl.go.kr)와
국가자료공동목록시스템(http://www.nl.go.kr/kolisnet)에서 이용하실 수 있습니다. (CIP제어번호:CIP2017024049)

www.esangsang.co.kr

비즈니스 여행
코스 가이드북

김충식 지음

TOKYO
TAIPEI
HONG KONG
SHANGHAI
BEIJING

도쿄 JR선 하라주쿠 역 주변

타이베이 ATT 4 FUN 주변

PROLOGUE

마침표와 같은 프롤로그.
시작은 어렵고 마무리는 항상 아쉽다. 『비즈니스 여행 코스 가이드북』은 내게 여행 작가의 시작과도 같은 책이다. 약 20년 정도 회사생활을 하면서 절반을 국내외 전시회에 참가하고 참관하는 마케팅 업무를 맡았다. 해마다 7~8번의 전시에 참가했다. 해외 마케팅 업무였기 때문에 고객업체 또는 임원을 수행하기도 하며 해외출장지에서 남다른 업무를 해왔다.

해마다 참가하는 전시 및 마케팅 업무를 보면서 항상 받아왔던 질문들이 있었다. 처음 해외출장 또는 전시참관을 하는 사람들이 반복적으로 하던 질문 몇 개를 소개하자면, "귀국 전에 잠시 시간이 나는데 어디를 가봐야 하나요?", "오늘따라 삼겹살에 소주 한잔이 생각나는데, 어디에 가면 한국식당이 있을까요?", "저녁에 손님들과 맥주 한잔을 하고 싶은데 어디로 가야 하나요?", "가족들에게 기념품 선물을 사고 싶은데 어디로 가야하나요?" 등이었다. 나는 이 질문들을 바탕으로 『비즈니스 여행 코스 가이드북』을 기획하게 되었다.

이 책은 일반 자유여행자들을 위한 책은 아니다. 예정 없이 해외출장을 떠나는 독자들을 위한 미니 가이드북이다. 또한 30대 중반부터 40대 초중반 직장인들을 주요 독자로 삼아, 글자를 크게 하여 가독성을 좋게 만들기 위해 노력했다. 그리고 세계적인 비즈니스 도시 중 해외전시와 비즈니스 출장이 잦은 도시 5곳을 선정했다.
공항과 호텔을 예약하는 방법, 공항에서 국제전시장을 찾아가는 방법,

저녁시간, 또는 반나절이나 하루 동안 돌아볼 수 있는 핵심 관광코스를 선별하여 관광지 찾아가기 동선을 중심으로 정리했다. 많아야 3~4번의 식사를 하게 되는 출장자를 위해 꼭 맛봐야 할 현지음식 몇 가지와 한국 식당을 소개했다. 쓸모없는 백과사전식 소개보다는 전시장에서 핵심 관광지를 찾아가는 방법과 효율적인 이동에 중점을 염두에 두고 책을 만들었다.

2박 3일 또는 3박 4일의 짧은 전시참관 및 해외출장을 위한 여행서적은 없다. 두꺼운 여행 가이드북 중에 출장자를 위한 가이드북은 따로 없기 때문이다. 그럼에도 불구하고 흔쾌히 허락해주신 상상출판 유철상 대표님께 감사드린다. 잡동사니 같은 정보들을 간결하게 정리해주신 강경신 에디터님과 도시별로 예쁘게 책을 만들어 주신 마가영 실장님 외 상상출판 디자인 부서에도 감사 인사를 드린다. 끝으로 인생이라는 여행의 동반자인 아내와 아들 서후, 그리고 하늘에 계신 부모님께 이 책을 바친다.

2017년 9월
김충식

CONTENTS

프롤로그 008

미션 013

도쿄

Part1 출장 준비하기 020

Part2 도쿄 도심 들어가기 025

Part3 국제전시장 찾아가는 길 028

★ 도쿄 지하철 노선도 030

Part4 도쿄 관광코스
오다이바 034
신주쿠 038
아사쿠사 041
도쿄 타워 044
하라주쿠 046
시부야 048
롯폰기 힐즈 050

Part5 도쿄의 먹거리
얼큰한 국물에 소주 한잔을 하고 싶다면? 054

Part6 쇼핑 거리 056

타이베이

Part1 출장 준비하기	060
Part2 타이베이 도심 들어가기	066
Part3 국제전시장 찾아가는 길	067
Part4 타이베이에서 대중교통 이용하기	068
★ 타이베이 지하철 노선도	069
Part5 타이베이 관광코스	
국립고궁박물원	074
타이베이101 빌딩	076
샹산 산책로	077
영강가	078
국립중정기념당	080
용산사	081
화산1914 문창원구	082
사림 야시장	084
충렬사	085
단수이	086
Part6 타이베이의 먹거리 삼겹살에 소주 한잔을 하고 싶다면?	090
Special Part 타이베이 야경 즐기기	091
Part7 쇼핑 거리	092

홍콩

Part1 출장 준비하기	096
Part2 홍콩 도심 들어가기	102
Part3 국제전시장 찾아가는 길	105
홍콩 여행 필수품, 옥토퍼스 카드 구매하기	106
Part4 홍콩에서 대중교통 이용하기	108
빅 버스로 투어하기	110
★ 홍콩 지하철 노선도	112
Part5 홍콩 관광코스	
심포니 오브 라이트	116
시계탑	118
1811 헤리티지	119
빅토리아 피크	120
미드 레벨 에스컬레이터	122
란콰이 퐁	124
트램 투어	125
스타의 거리	126
Part6 홍콩의 먹거리 삼겹살에 소주 한잔을 하고 싶다면?	130
Part7 쇼핑 거리	132
Special Part 홍콩에서 마카오로 외출하기	134

CONTENTS

상하이

Part1 출장 준비하기	138
Part2 상하이 도심 들어가기	144
Part3 국제전시장 찾아가는 길	145
★ 상하이 지하철 노선도	146
Part4 상하이 관광코스	
난징둥루	149
와이탄	150
대한민국 임시정부청사	151
상하이의 마천루 살펴보기	152
예원	156
상하이 박물관	160
신천지	161
빈강대도	162
상하이 자연박물관	163
Part5 상하이의 먹거리 삼겹살에 소주 한잔을 하고 싶다면?	165
Part6 쇼핑 거리	166

베이징

Part1 출장 준비하기	170
Part2 베이징 도심 들어가기	176
Part3 국제전시장 찾아가는 길	178
Part4 베이징 관광코스	179
★ 베이징 지하철 노선도	180
전문대가	183
천안문 광장	184
천안문	186
고궁박물원	187
경산 공원	191
왕부정대가	192
천단 공원	194
십찰해	196
남라고항	197
싼리툰 빌리지	198
이화원	199
Part5 베이징의 먹거리 시원한 맥주 한잔 또는 삼겹살에 소주 한잔은 어디가 좋을까?	205
Part6 쇼핑 거리	206

MISSION

Tokyo

필수미션 1 오다이바 즐기기

도쿄 빅사이트 전시장 → (🚇 유리카모메) 메가 웹 → 🏃 비너스 포트 →
덱스 도쿄 비치 → 아쿠아 시티 → (🚇 유리카모메) 도심

체크 리스트

- ✓ 팔레트 타운 대관람차를 타고 오다이바 야경을 즐기고, 메가 웹에서 도요타 최신 모델 시승하기
- ✓ 유럽풍 쇼핑몰 비너스 포트에서 클래식 카 구경하며 쇼핑하기
- ✓ 덱스 도쿄 비치의 해안가를 산책하고, 레스토랑에서 멋진 식사와 함께 레인보우 브리지 일몰 즐기기
- ✓ 오다이바 해변공원에서 레인보우 브리지를 배경으로 〈자유의 여신상〉 인증샷 남기기

필수미션 2 도심과 야경 즐기기

신주쿠 역 → (🚇 JR선) 하마마쓰쵸 역 → 🏃 도쿄 타워
. . . . .
신주쿠 역 → (🚇 JR선, 도쿄 메트로 이용) 아사쿠사 역/센소지 →
(🚇 JR선) 하라주쿠/다케시타도리 → (🚇 도쿄 메트로) 롯폰기 힐즈 또는 (🚇 JR선) 시부야 →
(🚇 JR선) 신주쿠 역

체크 리스트

- ✓ 세계무역센터 전망대 또는 도쿄 타워 전망대에서 도쿄 타워 야경 즐기기
- ✓ 아사쿠사 카미나리몬 인증샷, 나카미세도리에서 쇼핑하고 센소지에서 소원 빌기
- ✓ 하라주쿠 다케시타도리의 젊은 패션과 오모테산도에서 명품 트렌드 둘러보기
- ✓ 롯폰기 힐즈 모리 타워에서 쇼핑하고, 도쿄 시티 뷰에서 도쿄 전망 즐기기
- ✓ 시부야 역 앞의 하치코 동상 인증샷 찍고, 개성 넘치는 패션 숍에서 쇼핑하기
- ✓ 신주쿠 도쿄도청 전망대 or 신주쿠 NS빌딩에서 야경 즐기기, 도쿄 최대 유흥가 가부키초에서 나이트 라이프 즐기기

MISSION

Taipei

필수미션 타이베이 101 빌딩 즐기기

🚇/🚌 국립고궁박물원 → 🚌 타이베이 101빌딩 → 🏃 샹산 산책로 → 신이 지역

체크 리스트

- ⓥ 타이베이101 빌딩 전망대 또는 샹산 산책로에 올라 타이베이 야경 즐기기, 주변의 카페와 레스토랑에서 저녁시간 즐기고 맥주 한잔하기
- ⓥ 국립고궁박물원에서 중국 황실 보물과 예술작품 감상하기
- ⓥ 도심의 기념품 숍에서 쇼핑하기

추천미션 타이베이 주변 지역 즐기기

타이베이 101 빌딩 → 🚌 영강가 → 🚌 국립중정기념당 → 🚌 용산사 → 🚌 화산1914 문창원구 → 🚌 사림 야시장

체크 리스트

- ⓥ 영강가 딘타이펑 본점에서 소롱포 즐기기, 망고빙수와 우육면, 펑리수 맛집 탐방하기
- ⓥ 국립중정기념당 자유광장에서 인증샷 남기고 시간마다 진행되는 근위병 교대식 참관하기
- ⓥ 용산사에서 가족의 건강을 기원하며 화려한 건축양식 둘러보기
- ⓥ 화산1914 문창원구의 아기자기한 공방과 전문 숍에서 쇼핑하고 노천카페에서 맥주 한잔하기
- ⓥ 사림 야시장 골목길을 걸으며 다양한 종류의 음식 맛보고 현지인의 일상 체험하기

Hong Kong

필수미션 1 구룡 반도 즐기기

침사추이 역 또는 스타 페리 선착장 → 🚶 하버 시티 → 캔톤 로드 → 1881 헤리티지 → 스타의 거리 → 시계탑 → 아쿠아 루나 투어 → 심포니 오브 라이트

체크 리스트

☑ 하버 시티, 캔톤 로드, 1881 헤리티지에서 명품 브랜드 숍 돌아보며 쇼핑 및 산책하기

☑ 스타의 거리와 시계탑 주변에서 좋아하는 홍콩 배우 핸드프린팅 찾아 인증샷 남기기

☑ 시계탑 앞에서 맥주 한잔과 함께 심포니 오브 라이트 즐기기, 검은 해적선 '아쿠아 루나' 타고 빅토리아 하버 야경 감상하기

필수미션 2 홍콩 섬 즐기기

완차이 역 또는 스타 페리 선착장 → 🚌 IFC 몰 2 → 🚡 빅토리아 피크 → 루가드 로드 산책 → 🚡 소호 → 🚶 란콰이 퐁 → 미드 레벨 에스컬레이터 → 🚋 트램 투어

체크 리스트

☑ IFC 몰에서 쇼핑하고 대관람차로 홍콩 도심 구경하기

☑ 빅토리아 피크에 올라가며 다양한 홍콩 경관 즐기기, 피크 전망대 또는 루가드 로드를 따라 빅토리아 하버 감상하기

☑ 미드 레벨 에스컬레이터에서 홍콩 골목 탐방하고 란콰이 퐁에서 나이트 라이프 즐기기

MISSION

Shanghai

필수미션 1 푸둥 지역 즐기기

인민광장 → 🚶 상하이 박물관 → Ⓜ 상하이 자연박물관 → 난징둥루 → 🚶 와이탄 → 와이탄 해저터널 또는 난징둥루 역

......

Ⓜ 루지아주이 역 → 🚶 고층빌딩 전망대 고층빌딩 전망대 (동방명주/진마오 타워/상하이 세계금융 센터/상하이 타워) → 정대광장 주변 → 빈강대도 → 루지아주이 역 또는 와이탄 해저터널

체크 리스트

- ⓥ 상하이 최대의 번화가 난징둥루와 와이탄 거닐며 쇼핑하기, 가족과 함께라면 상하이 박물관 또는 상하이 자연박물관 구경하기
- ⓥ 각각의 특징이 살아 있는 마천루 전망대에서 상하이 스카이라인 즐기기
- ⓥ 와이탄에서 보는 푸둥 야경과 빈강대도에서 보는 와이탄 풍경 비교하며 즐기기

필수미션 2 예원 즐기기

Ⓜ 예원 역 → 예원 → Ⓜ 신천지 역 → 🚶 대한민국 임시정부청사 → 신천지 → 황피난루 역 또는 신천지 역

체크 리스트

- ⓥ 예원의 구곡교, 호심정에서 인증샷 남기고 차 한잔과 함께 예원의 아름다움 즐기기
- ⓥ 경건한 마음으로 대한민국 임시정부청사를 방문하고, 유럽풍의 신천지 카페와 레스토랑 즐기기

Beijing

필수미션1 천안문 광장 주변 즐기기

도심 → 🚇 전문대가 → 🚶 천안문 광장 →
천안문/고궁박물원 → 경산 공원 → 🚌 왕부정대가

체크 리스트

- ⓥ 전문대가에서 전취덕, 구불리 만두, 도이처, 베이징 자장면 등 대표음식 맛보기

- ⓥ 정양문 성루에 올라 천안문 광장을 보고, 천안문 배경으로 오성기 게양대 인증샷 남기기

- ⓥ 경산 공원 정상에 있는 '만춘정'에 올라 자금성의 일출·일몰 즐기기

- ⓥ 왕부정소흘가에서 전통간식 맛보고, 왕부정대가에서 쇼핑하기

추천미션 싼리툰 빌리지 지역 즐기기

도심 → 🚇 / 🚗 천단 공원 → 🚇 십찰해 →
🚶 남라고항 → 🚇 싼리툰 빌리지

체크 리스트

- ⓥ 천단공원 원구단 천심석에서 인증샷 남기고, 공원에서 스퀘어 댄스, 제기차기 함께 즐기기

- ⓥ 십찰해, 남라고항에서 삼륜 자전거를 타고 후통 골목길 탐험하고 호숫가 라이브 바에서 노래 감상하기

도쿄는 항구도시다. 특별한 관광명소도, 역사적으로 유서 깊은 도시도 아니다.
하지만 비즈니스 여행자에게 도쿄는 소문난 맛집과 쇼핑을 즐길 수 있는 도시다.
일본의 젊은 세대가 만드는 도쿄는 열정과 개성의 도시다.
도쿄라는 도시 속에서 젊은 세대들은 최신 트렌드로 자신들을 개성 있게 표현한다.
하지만 비즈니스맨에게는 화려한 회색도시다. 아침이면 비슷한 복장으로 출근하고
해가 지면 번화가 근처의 선술집에 하나둘 모여 조용히 술 한잔으로 하루를 정리한다.
에도 시대를 간직한 도쿄의 고층 빌딩 속에서 고단한 삶을 살아가는 일본인이 낯설지 않다.
좁은 공간 속 흔들리는 등불 아래에서 맥주 한잔을 즐겨보자.

Tokyo

꼭 해봐야 할 리스트

파리에서 에펠 탑을 봐야 하듯, 도쿄에서는 붉은 도쿄 타워를 봐야 한다. 롯폰기 힐즈에서 보는 도쿄 타워, 신주쿠에서 보는 도쿄 타워도 아름답지만 오다이바에서 레인보우 브리지와 〈자유의 여신상〉을 배경으로 하는 도쿄 타워는 꼭 봐야 한다. 신주쿠와 시부야, 하라주쿠의 거리를 걸으면 개성을 체감할 수 있다. 아사쿠사의 '아사히 맥주타워'와 에비스의 '에비스 맥주기념관'에서 일본 맥주를 즐길 수 있다.

비즈니스 팁

일본의 비즈니스 문화는 간결함 그 자체다. 정해진 일정에 따라 업무를 보고, 절차에 따라 업무를 진행한다. 일본 비즈니스에서 약속은 매우 중요하다. 지키지 못할 약속, 특히 술자리에서 하는 약속은 조심해야 한다. 흥겨운 것과 비즈니스는 분명 다르다. 만일 약속을 했다면 반드시 지켜야 한다. 일본인들은 술자리는 즐기지만 과음은 하지 않는다. 참조하자.

PART 1
출장 준비하기

1 항공편 예약하기

도쿄에는 나리타成田 국제공항과 하네다羽田 국제공항이 있다. 인천국제공항에서는 나리타 국제공항, 김포공항에서는 하네다 국제공항을 이용하기 편리하다. 항공기 운항 편수는 인천국제공항에서 나리타 국제공항으로 가는 편수가 더 많다. 비즈니스 출장자나 여행자들은 인천국제공항 이용을 선호한다. 대중교통 및 면세점 이용이 편리하기 때문이다. 중요한 것은 출장 일정과 동선. 여행 일정과 예산에 따라 공항과 항공편을 선택해야 한다.

국제전시장 이동
도쿄 빅사이트Tokyo Big Sight 전시장은 하네다 국제공항과 가깝고, 지바千葉에 있는 마쿠하리 메세Makuhari Messe 전시장은 나리타 국제공항과 가깝다.

도심 이동
도쿄 도심으로 들어갈 경우, 하네다 국제공항이 빠르고 편리하다. 나리타 국제공항에서 도심으로 이동하기 위해서는 교통편에 따라 약 70~90분이 소요된다(약 ¥1,200~¥3,300).

Tip
빅사이트 전시장을 이용할 경우 호텔에서 체크인을 하고 전시장으로 이동한다면, 호텔의 위치가 중요하지 않다. 하지만 마쿠하리 메세 전시장 주변에서 투숙하지 않을 경우 오후 3시경에 목적지에 도착할 수 있다. 즉, 하루를 이동만 하며 시간을 허비하게 될 수 있다.

2 비즈니스 호텔 예약하기

도쿄는 우리나라보다 물가가 높다. 숙소 경비가 항공요금보다 높은 편이다. 도심 내 비즈니스 호텔은 예산범위 내에서 교통이 편리한 곳이 좋다. 도심에서 머물고 싶다면 지하철 JR 라인에 인접하고, 관광지와 연계되는 곳이 좋다. 비즈니스 출장자가 선호하는 호텔은 시나가와品川, 신주쿠新宿, 시부야渋谷 역 주변이다. 교통편이 편리하고 다양한 숍과 식당들이 있기 때문이다. 전시장 주변 지역은 도심 관광지와는 멀리 떨어져 있어서 비즈니스 호텔이 많다. 전시에 참가하지 않는다면 추천하지 않는다.

신주쿠 역 주변

전시장이나 도심으로 이동할 수 있게 도와줄 다양한 교통편을 이용할 수 있다. 도쿄도청을 포함하여 주변에 볼거리와 함께 식사나 쇼핑에 이르기까지 비즈니스와 여행을 동시에 만족시키는 지역이다. 가격별로 호텔을 선택할 수 있으며, 저녁 시간에 여가 활용에 최적이다. 강력추천

시나가와 역 주변

대부분의 호텔이 시나가와 역과 인접하여 낮에는 국제전시 또는 비즈니스 업무를 위해 전시장으로, 해가 지면 신주쿠와 시부야 등 유흥가나 번화가로 이동하기 편리하다. 또한 빅사이트 전시장이 있는 오다이바로 이동하기 수월하다. 시나가와 역 주변에 식당과 이자카야(선술집)가 많다.

국제전시장 주변

마쿠하리 메세 전시장은 지바현에 위치하고 있다. 주변 비즈니스 호텔에서 묵는다면 전시장으로 이동할 때 편리하지만 저녁 때나 여가시간을 활용하기에는 어렵다는 단점이 있다. 빅사이트 전시장 주변은 대형 쇼핑몰이 많아 식사와 쇼핑이 모두 가능하다. 반면, 도쿄 도심으로 이동하는 데 불편하다.

Tip

일본의 5성급 호텔도 두 가지로 구분된다. 최고급 호텔로 1박에 최소 5~7만 엔 가격대의 호텔과 약간의 불편함을 조건으로 2~3만 엔 가격대 정도의 호텔로 구분된다. 3~4성급의 비즈니스 호텔은 1~2만 엔 수준이다. 최소 한 달 전에 예약을 하자. 동일한 호텔이라도 여러 사이트에서 비교검색으로 비용절감을 할 수 있다. 임원을 수행하는 경우 깨끗하고 편안한 호텔을 예약하는 것이 좋다.

추천 호텔 리스트

일본은 출장비용 중에서 교통비와 숙박비가 가장 많이 들어간다. 택시 요금은 기절할 정도로 높아 대부분 대중교통을 이용하게 된다. 어떤 호텔을 이용하는지에 따라 시간과 비용을 절감할 수 있다. 도쿄는 출장기간과 지역에 따라 호텔 가격도 천차만별이라 별도로 구분하지 않았다. 예산에 맞게 호텔을 예약하자.

도쿄 빅사이트 전시장 주변

힐튼 도쿄 오다이바
Hilton Tokyo Odaiba (5성급)
Tel   03-5500-5500
Address 東京都港区台場1-9-1
Access   유리카모메ゆりかもめ 선
         다이바台場 역 북쪽 출구에서 연결

그랜드 닛코 도쿄 다이바
Grand Nikko Tokyo Daiba (4성급)
Tel   03-5500-6711
Address 東京都港区台場2-6-1
Access   유리카모메ゆりかもめ 선 다이바台場 역
         남쪽 출구에서 연결

트러스티 도쿄 베이사이드
Trusty Tokyo Bayside (4성급)
Tel   03-6700-0001
Address 東京都江東区有明3-1-15
Access   유리카모메ゆりかもめ 선
         국제전시장 정문国際展示場正門 역에서 도보 5분

도쿄 베이 아리아케 워싱턴 호텔
Tokyo bay Ariake Washington Hotel (4성급)
Tel   03-5564-0111
Address 東京都江東区有明3-7-11
Access   유리카모메ゆりかもめ선 국제전시장 정문
         国際展示場正門 역 북쪽 출구에서 도보 3분

선루트 아리아케 호텔
Sunroute Ariake Hotel (3성급)
Tel   03-5530-3610
Address 東京都江東区有明3-6-6
Access   린카이りんかい 선 국제전시장 정문国際展示場正門
         역에서 도보 3분

마쿠하리 메세 전시장 주변(지바)

스프링스 마쿠하리 호텔
Springs Makuhari Hotel (4성급)
Tel   043-296-3111
Address 千葉市美浜区ひび野1-11
Access   JR 게이요京葉 선 가이힌마쿠하리海浜幕張 역
         남문에서 도보 약 3분

뉴 오타니 마쿠하리 호텔
New Otani Makuhari Hotel (4성급)
Tel   043-297-7777
Address 千葉市美浜区ひび野2-120-3
Access   JR 게이요京葉 선 가이힌마쿠하리海浜幕張 역
         남문에서 도보 약 5분

그린타워 마쿠하리 호텔
Green Tower Makuhari Hotel (3성급)
Tel   043-296-1122
Address 千葉市美浜区ひび野2-10-3
Access   JR 게이요京葉 선 가이힌마쿠하리海浜幕張 역
         남쪽 출구에서 도보 약 5분

APA 도쿄 베이 마쿠하리 호텔
APA Tokyo Bay Makuhari Hotel (4성급)
Tel   057-070-0111
Address 千葉県千葉市美浜区ひび野2-3
Access   JR 게이요京葉 선 가이힌마쿠하리海浜幕張 역
         남쪽 출구에서 도보 약 7분

신주쿠 역 주변

힐튼 도쿄 호텔
Hilton Tokyo Hotel (5성급)
Tel   03-3344-5111
Address 東京都新宿区西新宿6丁目6番2号
Access   JR 신주쿠新宿 역에서 도보 15분 또는
         니시신주쿠西新宿 역에서 도보 5분

하얏트 리젠시 호텔
Hyatt Regency Hotel (5성급)
Tel   03-3348-1234
Address 東京都新宿区西新宿2丁目7番2号
Access   JR 신주쿠新宿 역 서쪽 출구에서 도보 10분 또는
         지하철 니시신주쿠西新宿 역에서 도보 5분

게이오 플라자 호텔
Keio Plaza Hotel (5성급)
Tel   03-3344-0111
Address   東京都新宿区西新宿2-2-1
Access   JR 신주쿠新宿 역 서쪽 출구에서 도보 5분

파크 하얏트 호텔
Park Hyatt Hotel (5성급)
Tel   03-5322-1234
Address   東京都新宿区西新宿3-7-1-2
Access   JR 신주쿠新宿 역 서쪽 출구에서 도보 10~15분

신주쿠 프린스 호텔
Shinjuku Prince Hotel (4성급)
Tel   03-3205-1111
Address   東京都新宿区歌舞伎町1-30-1
Access   2층 세이부신주쿠西武新宿 역, JR 신주쿠 역에서
          도보 5분 또는 도에이 오에도都営大江戸 선
          신주쿠니시구치新宿西口 역에서 도보 2분

이비스 도쿄 신주쿠 호텔
IBIS Tokyo Shinjuku Hotel (4성급)
Tel   03-3361-1111
Address   東京都新宿区西新宿7-10-5
Access   JR 신주쿠新宿 역에서 도보 3분

신주쿠 워싱턴 호텔
Shinjuku Whasington Hotel (4성급)
Tel   03-3343-3111
Address   東京都新宿区西新宿3-2-9
Access   JR 신주쿠新宿 역 남쪽 출구에서 도보 10분

선루트 플라자 신주쿠 호텔
Sunroute Plaza Shinjuku Hotel (4성급)
Tel   03-3375-3211
Address   東京都渋谷区代々木2-3-1
Access   JR 신주쿠新宿 역 남쪽출구에서 도보 3분

APA 신주쿠 가부키초 타워 호텔
APA Shinjuku Kabukicho Tower Hotel (3성급)
Tel   03-5155-3811
Address   東京都新宿区歌舞伎町1丁目20-2
Access   JR 신주쿠 역에서 도보 5분,
          지하철 신주쿠 역 B13 출구에서 도보 5분,
          세이부신주쿠西武新宿 역 정면으로 도보 2분

마이스테이 니시신주쿠 호텔
Mystay Nishi Shinjuku Hotel (3성급)
Tel   03-6894-3939
Address   東京都新宿区 西新宿7-14-4
Access   JR 신주쿠新宿 역 서쪽 출구에서 도보 5분

시나가와 역 주변

스트링 인터콘티넨탈 호텔
String Intercontinental Hotel (5성급)
Tel   03-5783-1111
Address   品川イーストワンタワー 26-32F
Access   신칸센新幹線, JR, 게이큐京急 선
          시나가와品川 역 다카나와高輪 출구에서 도보 2분

프린스 사쿠라 타워 도쿄 호텔
Prince Sakura Tower Tokyo(5성급)
Tel   03-5798-1111
Address   東京都港区高輪 3-13-1
Access   신칸센, JR, 게이큐京急 선의 시나가와品川 역
          다카나와高輪 출구에서 도보 5분 또는
          도에이都営 아사쿠사浅草 선
          다카나와다이高輪台 역에서 도보 5분

시나가와 프린스 호텔
Shinagawa Prince Hotel (4성급)
Tel   03-3440-1111
Address   東京都港区高輪4-10-30
Access   신칸센, JR, 게이큐京急 선의 시나가와品川 역
          다카나와高輪 출구에서 도보 2분

기타 지역

도쿄 프린스 호텔
Tokyo Prince Hotel (4성급)
Tel   03-3432-1111
Address   東京都港区芝公園3-3-1
Access   JR 하마마쓰초浜松町 역에서 도보 10분 또는
          지하철 미타三田 선 오나리몬御成門 역
          A1 출구와 연결, 아사쿠사浅草 선 다이몬大門 역
          A6 출구에서 도보 7분

콘래드 도쿄 호텔
Conrad Tokyo Hotel (5성급)
Tel   03-6388-8000
Address   東京都港区東新橋1-9-1
Access   유리카모메ゆりかもめ 선 시오도메汐留 역과 연계,
          JR 아사쿠사浅草 선 신바시新橋 역에서 도보 7분

파크 호텔 도쿄
Park Hotel Tokyo Hotel (4성급)
Tel   03-6252-1111
Address   東京都港区東新橋1丁目7番1号
Access   JR 신바시新橋 역에서 도보 7분 또는
          지하철 시오도메汐留 역 7, 8번 출구와 연결

3 비즈니스 여행 사전 확인사항

❶ 비자 필요여부 확인
관광 목적인 경우 90일간 무비자 체류가 가능하다. 단, 여권 유효기간이 3개월 이상 남아 있어야 하며, 왕복 항공권을 소지하고 있어야 한다.

❷ 현금은 얼마나 환전해야 하나?
JR과 지하철을 이용하면 하루에 약 ¥500~¥1,000 정도가 필요하다. 점심식사는 ¥1,000 정도, 저녁식사는 ¥3,000~¥5,000, 교통비 및 기타비용 ¥5,000을 잡는다면 하루에 ¥10,000 정도로 책정하여 환전하면 된다.

❸ 화폐와 환율
엔화(¥ 또는 円)로 표기한다. ¥100은 약 1,030원이다(2017년 9월 기준). 한국 화폐보다 '0'이 하나 적다고 생각하자.

❹ 신용카드
교통비와 쇼핑할 일정 금액만 환전하자. 의외로 신용카드를 받지 않는 음식점이 많다. 소액결제의 경우 대부분 현금을 요구한다.

❺ 날씨
우리나라 부산과 비슷한 날씨다. 여름에는 고온다습하고 태풍이 많이 지나간다. 가을이 여행하기 좋은 계절이다. 날씨 관련 애플리케이션에서 10일간의 일기예보를 확인할 수 있다.
Web www.jma.go.jp

❻ 시차
시차는 우리나라와 같다.

❼ 전원
110V/60Hz를 사용한다. 11자 형태로 된 별도의 어댑터가 필요하다. 공항 또는 현지 편의점에서 구매 가능하다.

PART 2

도쿄 도심 들어가기

하네다 국제공항은 시내까지 약 20km 떨어져 있어, 이동시간이 20~30분 정도 된다. 나리타 국제공항은 시내까지 약 70km 떨어져 있으므로, 1시간~1시간 30분 정도가 소요된다. JR 쾌속, 게이세이京成, 리무진 버스 등 교통편이 다양하므로 목적지와 상황에 맞게 선택하자.

1 하네다 국제공항에서 도심 들어가기

주요 교통편으로 도쿄 모노레일과 게이큐京急 전철, 리무진 버스가 있다. 편리성이 우선이라면 도쿄 모노레일을, 경제성이 우선이라면 게이큐 전철을 추천한다. 도쿄 모노레일을 타고 JR 야마노테山手 선 시나가와 역에서 목적지에 따라 환승하는 것이 좋다.

도쿄 모노레일

| 추천 1 | 하마마쓰초 역 | 약 15~20분 소요 | ¥490 |

게이큐 전철

| 추천 2 | JR 시나가와 역 | 약 11분 소요 | ¥410 |
| 추천 3 | 신주쿠 역 | 약 30분 소요 | ¥610 |

리무진 버스

| 추천 4 | 도쿄 역 | 약 40~50분 소요 | ¥900 |

Tip 제2터미널로 입국하기

1. 수하물을 찾아 세관심사를 지나 국제선 도착 로비로 나온다.
2. 도착 로비(2층)에 있는 승차권 판매소에서 전철 또는 버스 티켓을 발권한다.
3. 에스컬레이터를 타고 1층으로 내려간다.

Tip 게이큐 전철로 도심 들어가기

하네다 국제공항과 JR 시나가와 역을 연결하는 전철이다. 목적지를 꼭 확인하자. 시나가와 역에서 야마노테 선으로 환승하면 목적지로 이동하기 편리하다.

1. 국제선 도착 로비로 나와 게이큐 선 안내판을 따라간다.
2. 게이큐 선 무인승차권 판매기에서 목적지까지의 승차권을 구매한다.
   (무인승차권 판매기에서 한국어 버전으로 발권할 수 있다.)
3. 개찰구를 통과해서 해당 플랫폼으로 이동한다.

2 나리타 국제공항에서 도심 들어가기

나리타 국제공항은 제1터미널과 제2, 3터미널이 있다. 대한항공과 아시아나항공은 제1터미널을 주로 이용한다. 각 터미널 간에는 셔틀버스가 무료로 운행되고 있다.

나리타 국제공항에는 나리타 익스프레스(NEX), 리무진 버스, JR 소부総武 선, 게이세이 전철을 이용할 수 있다. 이 중에서 나리타 익스프레스를 추천한다. 도쿄, 시나가와, 신주쿠 등의 주요 지역으로 빠르게 이동할 수 있다(공항 1층 또는 지하 1층에서 승차권 구매). 외국인들 대상으로 나온 IC카드 스이카Suica와 나리타 익스프레스 승차권이 연계된 'Suica&NEX' 티켓이 저렴하다.

추천1 나리타 익스프레스
| 도쿄 역 | 약 51분 소요 | ¥3,020 |
| 시나가와 역 | 약 60~70분 소요 | ¥3,190 |

※ 왕복 티켓을 발권할 경우 특별할인이 된다(¥3,000~4,000).

추천2 게이세이 스카이 라이너
| 닛포리/우에노 역 | 약 36분 소요 | ¥2,470 |

추천3 리무진 버스
| 도쿄 역 | 약 80~90분 소요 | ¥3,100 |
| 신주쿠 역 | 약 90~120분 소요 | ¥3,100 |

추천4 JR 소부 선 쾌속
| 닛포리/우에노 역 | 약 36분 소요 | ¥2,470 |

추천5 게이세이 전철(특급/급행)
| 도쿄 역 | 약 80~90분 소요 | ¥1,320 |
| 게이세이 우에노 역 | 약 70~100분 소요 | ¥1,440 |

More & More
도쿄에서 대중교통 이용하기

도쿄는 체계적이고 복잡한 철도 노선을 가지고 있다. 대표적인 교통수단은 JR 라인, 도쿄 메트로, 도에이 지하철, 유리카모메 모노레일 등이다. 운영하는 기관이 제각각 다르므로 환승이 불가능하다. 자유여행이 길면 패키지 티켓(무제한 탑승) 구매도 좋다. 하지만 출장처럼 목적지가 정해져 있고 일정이 불확실하다면, 편도 티켓을 발권하는 것이 경제적이다. 패키지 티켓 중에는 '도쿄 프리패스'를 추천. 1일 승차권은 이동 동선을 확인한 다음 꼭 필요한 경우에만 구매하자. 출장 중 JR 라인과 지하철을 많이 사용하며, 일반적으로 1일 승차권을 잘 활용하기가 어려울 수 있다.

Tip 제1터미널로 입국하기

1. 항공사에 따라 남쪽 윙 또는 북쪽 윙을 이용하며, 수하물을 찾아 세관심사를 통과한다.
2. 국제선 도착 로비에 있는 승차권 판매소에서 전철 또는 버스 티켓을 발권한다.
3. 에스컬레이터를 타고 지하 1층으로 내려간다.
4. 개찰구를 통해 JR 또는 나리타 익스프레스, 게이세이 스카이 라이너, 게이세이 전철로 이동한다.

Tip 공항 터미널 셔틀버스 이용하기

도쿄에서 출국 시 해당 터미널을 반드시 확인하자. 만일 다른 공항 터미널로 이동했다면 셔틀버스로도 이동이 가능하다(7~15분 간격/무료).

Tip 도쿄 프리패스

도쿄 내의 JR 라인, 도쿄 메트로, 도에이 지하철, 버스 등을 자유롭게 이용할 수 있는 원데이 패스 티켓이다. 발행일로부터 1개월 이내, 구입 시 지정한 1일에 한해 유효하며, 구매 당일 이용이 가능하다(¥1,590).

Tip 항공사별 터미널 정보

대한항공-제1터미널 북쪽 윙
에어부산-제1터미널 남쪽 윙
아시아나항공-제1터미널 남쪽 윙
제주항공-제3터미널
일본항공-제2터미널
진에어-제1터미널 북쪽 윙

PART 3
국제전시장 찾아가는 길

도쿄에는 오다이바お台場의 빅사이트 전시장과 지바 현의 마쿠하리 메세 전시장이 있다. 과거에는 마쿠하리 메세 전시장에서 주요 전시 및 행사가 이루어졌지만, 현재는 오다이바 지역이 발달하면서 빅사이트 전시장에서 많은 행사가 열린다.
Web www.tokyo-bigsight.co.jp, www.m-messe.co.jp

1 빅사이트 전시장 찾아가기

찾아가기 1 | 나리타 국제공항 → 빅사이트 전시장

빅사이트 전시장은 도쿄 도심과 일본의 기타 지역에서 편리하게 올 수 있도록 다각화된 교통편을 이용해 접근할 수 있다. 나리타 국제공항에서 오는 경우, 리무진 버스로 이동하면 편리하다. 열차의 경우 신바시新橋 역에서 유리카모메 선으로 환승한다(약 90~100분/¥1,710).

> 나리타 국제공항 → 호텔 도쿄 베이 아리아케
> 또는 호텔 선루트 아리아케 (약 65~85분/¥2,800)
> 제1터미널 (1, 10번 승강장)
> 제2터미널 (7, 17번 승강장)
> 제3터미널 (13번 승강장)

찾아가기 2 | 하네다 국제공항 → 빅사이트 전시장

하네다 국제공항에서는 리무진 버스로 약 25분 소요된다.

찾아가기 3   도심 → 빅사이트 전시장

JR 야마노테 선, JR 게이힌도호쿠京浜東北 선, 긴자銀座 선, 도에이都營 지하철을 이용하여 신바시 역에서 하차한다. 가라스모리烏森 출구로 나가면 유리카모메ゆりかもめ 선 신바시新橋 역이 있다(약 25분/¥380). 유리카모메 선 국제전시장 정문国際展示場正門 역에서 하차, 도보 약 3분 거리.

Tip 유리카모메 선

JR 선을 이용해 신바시 역까지 이동한다. 유리카모메 선으로 환승하여 국제전시장 정문 역에 하차한다. 이때, 유리카모메 선의 티켓을 구매해야 한다. 시간적인 여유가 있다면 유리카모메 시오도메汐留 역의 포토존에서 잠시 쉬어가자. 예쁜 상점들과 건물 외벽에 걸린 대형 벽시계가 인상적이다.

2 마쿠하리 메세 전시장 찾아가기

찾아가기 1   나리타 국제공항 → 마쿠하리 메세 전시장

나리타 국제공항에서 리무진 버스를 타면 약 45~60분 소요된다. 열차는 최소 한 번 이상 환승해야 한다.

찾아가기 2   하네다 국제공항 → 마쿠하리 메세 전시장

하네다 국제공항에서는 리무진 버스로 약 50~60분 소요된다.

찾아가기 3   도심 → 마쿠하리 메세 전시장

도쿄 역에서 JR 게이요京葉 선으로 가이힌마쿠하리海浜幕張 역까지 약 50분 소요된다(¥550). 가이힌마쿠하리 역에서 전시장까지는 도보로 5~10분 소요된다. 또는 JR 소부 선, 게이세이 선을 이용하면 약 60분 소요된다.

Tip 전철 이용방법

하네다 국제공항→신바시 역(30분)→JR 가이힌마쿠하리 역(급행, 21분)

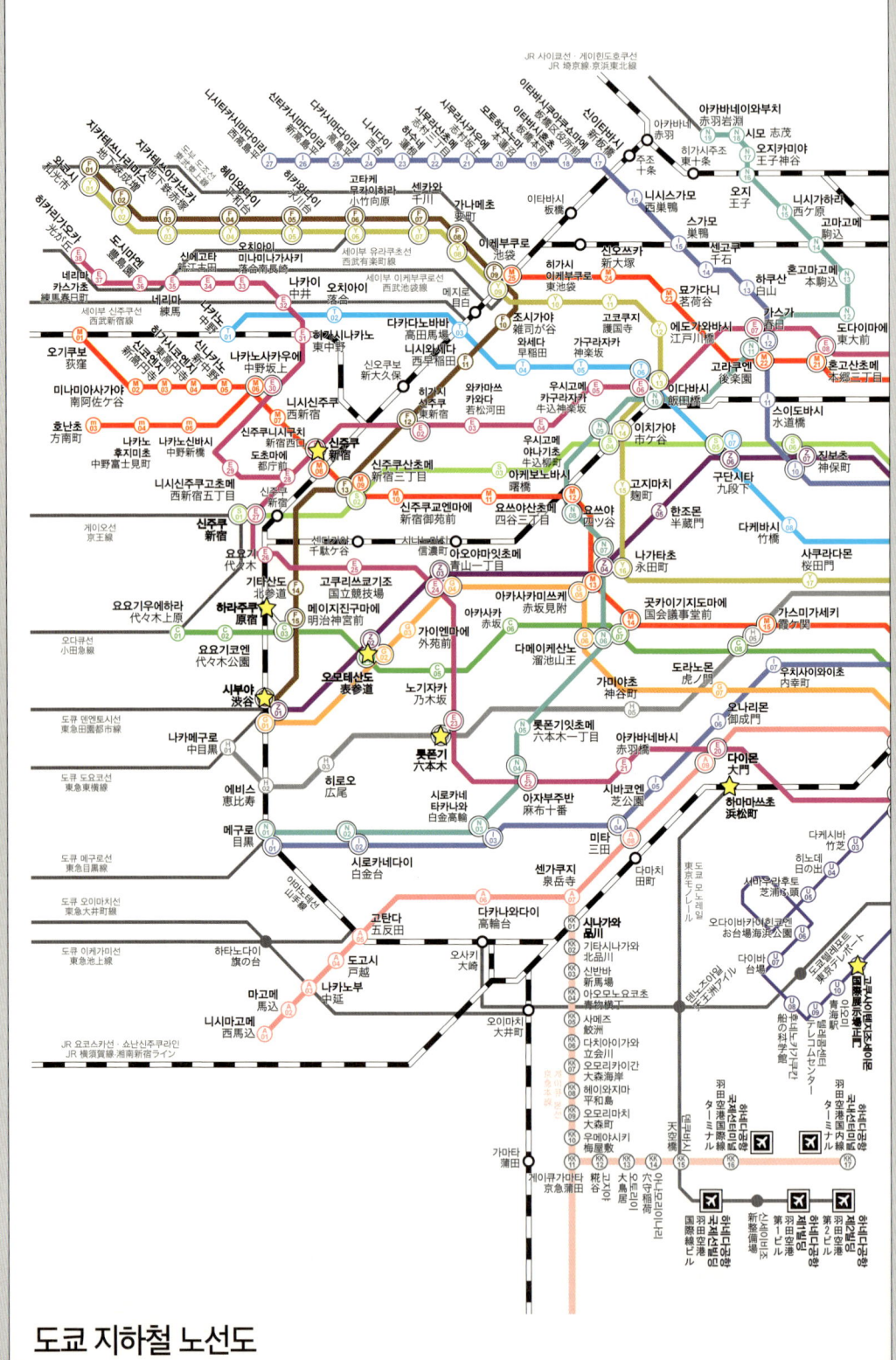

도쿄 지하철 노선도

나리타공항 成田空港
공항 제2빌딩 空港第2ビル
게이세이가나마치 京成金町
시바마타 柴又
아오토 青砥
게이세이타카사고 京成高砂
신시바마타 新柴又
게이세이코이와 京成小岩
에도가와 江戸川
고노다이 国府台
이치카와마마 市川真間
스가노 菅野
게이세이야와타 京成八幡
쓰다누마 津田沼
고이와 小岩
이치카와 市川
모토야와타 本八幡
시모사나카야마 下総中山
니시후나바시 西船橋
바라키나카야마 原木中山
묘덴 妙典
교토쿠 行徳
미나미교토쿠 南行徳
우라야스 浦安
가사이 葛西
니시카사이 西葛西
미나미스나마치 南砂町
도요초 東陽町
기바 木場
몬젠나카초 門前仲町
기요스미시라카와 清澄白河
스이텐구마에 水天宮前
가야바초 茅場町
핫초보리 八丁堀
신토미초 新富町
쓰키지 築地
가치도키 勝どき
쓰키시마 月島
도요스 豊洲
다쓰미 辰巳
신토요스 新豊洲
시조마에 市場前
아리아케테니스노모리 有明テニスの森
아리아케 有明
고쿠사이텐지조 国際展示場
신키바 新木場
시오미 潮見
엣추지마 越中島
가사이린카이코엔 葛西臨海公園
마이하마 舞浜
JR 게이요선 JR 京葉線
리조트게이트웨이 リゾートゲートウェイ
도쿄디즈니랜드® 東京ディズニーランド®
도쿄디즈니시® 東京ディズニーシー®
베이사이드 ベイサイド
디즈니리조트 라인 ディズニーリゾートライン
린카이선 りんかい線
오시아게(스카이트리) 押上(スカイツリー前)
혼조아즈마바시 本所吾妻橋
도쿄스카이트리 とうきょうスカイツリー
히키후네 曳舟
게이세이히키후네 京成曳舟
요쓰기 四ツ木
야히로 八広
신코이와 新小岩
가메이도 亀戸
긴시초 錦糸町
스미요시 住吉
기쿠카와 菊川
모리시타 森下
니시오지마 西大島
오지마 大島
히가시오지마 東大島
후나보리 船堀
이치노에 一之江
미즈에 瑞江
시노자키 篠崎
료고쿠 両国
구라마에 蔵前
아사쿠사 浅草
아사쿠사바시 浅草橋
바쿠로초 馬喰町
바쿠로요코야마 馬喰横山
히가시니혼바시 東日本橋
하마초 浜町
닌교초 人形町
게이세이세키야 京成関屋
호리키리쇼부엔 堀切菖蒲園
오하나자야 お花茶屋
기타센주 北千住
아야세 綾瀬
기타아야세 北綾瀬
센주오하시 千住大橋
마치야 町屋
신미카와시마 新三河島
미카와시마 三河島
미나미센주 南千住
미노와 三ノ輪
이리야 入谷
다와라마치 田原町
이나리초 稲荷町
우에노 上野
우구이스다니 鶯谷
닛포리 日暮里
니시닛포리 西日暮里
다바타 田端
오쿠 尾久
가미나카자토 上中里
센다기 千駄木
네즈 根津
게이세이우에노 京成上野
우에노오카치마치 上野御徒町
우에노히로코지 上野広小路
나카오카치마치 仲御徒町
오카치마치 御徒町
신오카치마치 新御徒町
스에히로초 末広町
유시마 湯島
오차노미즈 御茶ノ水
신오차노미즈 新御茶ノ水
아키하바라 秋葉原
이와모토초 岩本町
오가와마치 小川町
아와지초 淡路町
간다 神田
고덴마초 小伝馬町
미쓰코시마에 三越前
오테마치 大手町
니주바시마에 二重橋前
니혼바시 日本橋
도쿄 東京
교바시 京橋
유라쿠초 有楽町
히비야 日比谷
다카라초 宝町
긴자잇초메 銀座一丁目
긴자 銀座
히가시긴자 東銀座
신바시 新橋
시오도메 汐留
쓰키지시조 築地市場
JR 소부선 JR 総武線
도부 스카이트리 라인 東武スカイツリーライン
게이세이 본선 京成本線
긴자선 銀座線
마루노우치선 丸ノ内線
마루노우치선(호난초지선) 丸ノ内線
히비야선 日比谷線
도자이선 東西線
지요다선 千代田線
유라쿠초선 有楽町線
한조몬선 半蔵門線
난보쿠선 南北線
후쿠토신선 副都心線
도에이지하철 아사쿠사선 都営地下鉄浅草線
도에이지하철 미타선 都営地下鉄三田線
도에이지하철 신주쿠선 都営地下鉄新宿線
도에이지하철 오에도선 都営地下鉄大江戸線
사철선 私鉄線
유리카모메 ゆりかもめ
JR선 JR線
환승 가능역
★ 주요 지하철역

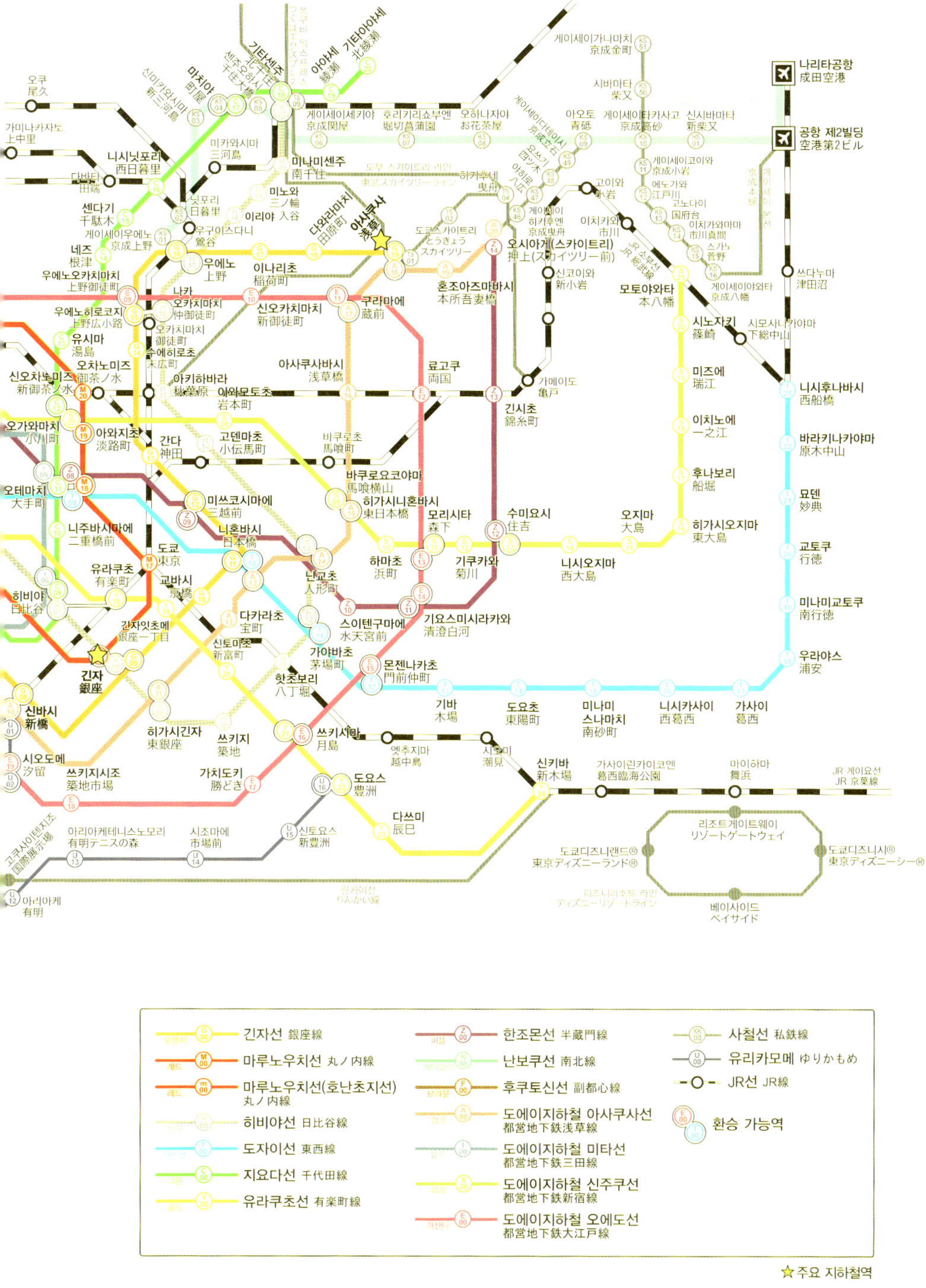

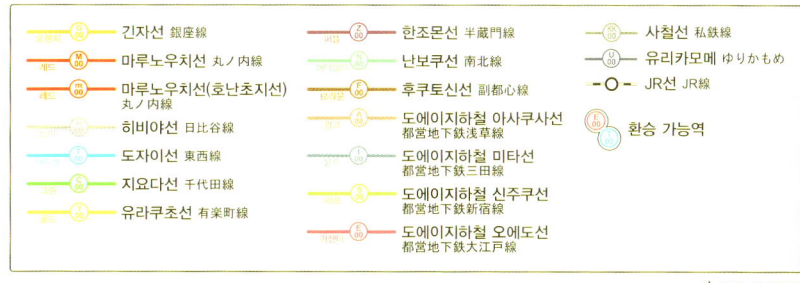

PART 4
도쿄 관광코스

도쿄는 관광도시가 아니다. 일본의 역사를 담은 도시라고 말하기 부족하다. 그럼에도 도쿄의 매력은 도시 전체에 숨어 있다. 그러다 보니 다른 도시와 달리 관광지를 연계해서 코스를 짜기 어려운 곳이다. 비즈니스 여행의 경우 극히 제한된 시간에 여러 곳을 이동하기가 어렵기 때문이다. 그래서 누구나 편하게 즐길 수 있는 '야경 투어'와 '지역 탐방'이라는 두 가지 테마로 코스를 선정해보았다.

도쿄 야경 다채롭게 즐기기
홍콩의 침사추이尖沙咀, 상하이의 와이탄外滩과 같이 세계적인 야경은 아니지만, 항구도시 도쿄의 아름다운 매력을 느끼기에는 충분하다. 야경 스폿마다 분위기는 다르지만 공통적인 것은 도쿄 타워를 배경으로 한다는 것이다. 도쿄 여행은 도쿄 타워에서 시작한다고 해도 무방하다.

지역별 매력 포인트 찾기
세계적인 경제도시 도쿄에서 에도江戸시대의 정서를 간직하고 있는 아사쿠사浅草의 전통거리를 걸으면서 센소지浅草寺를 둘러보고, 십대들의 개성 넘치는 패션 1번지 하라주쿠原宿에서 최신문화와 세대 차이를 느껴보자. 명품거리 오모테산도表参道에서 패션 트렌드를 읽어보고 해가 지면 하루가 시작되는 시부야의 밤거리를 거닐어보자.

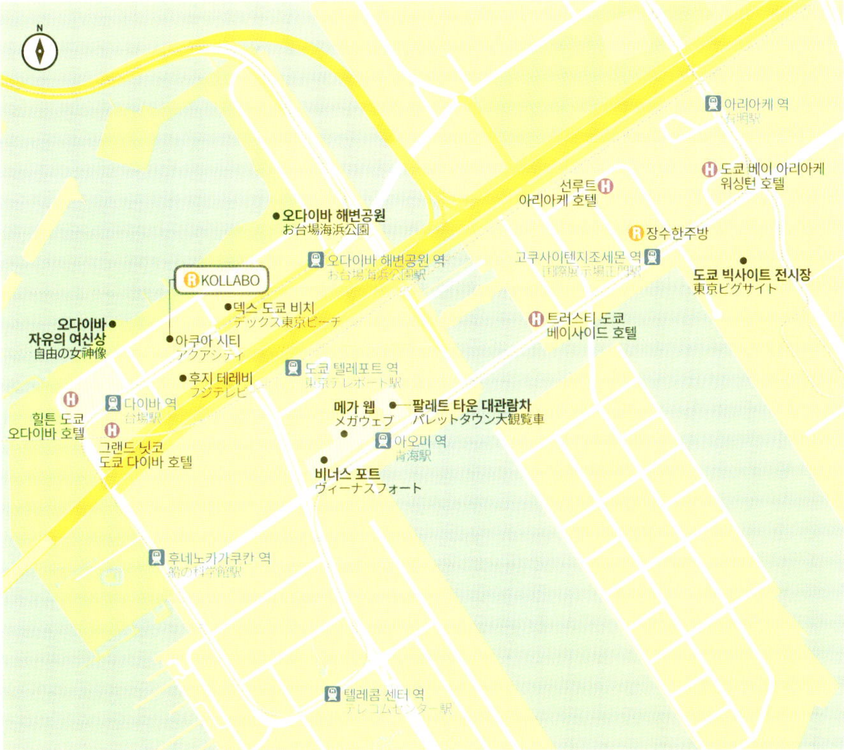
N
오다이바 해변공원
お台場海浜公園
오다이바 해변공원 역
お台場海浜公園駅
KOLLABO
덱스 도쿄 비치
デックス東京ビーチ
오다이바
자유의 여신상
自由の女神像
아쿠아 시티
アクアシティ
도쿄 텔레포트 역
東京テレポート駅
후지 테레비
フジテレビ
다이바 역
台場駅
힐튼 도쿄
오다이바 호텔
그랜드 닛코
도쿄 다이바 호텔
메가 웹
メガウェブ
팔레트 타운 대관람차
パレットタウン大観覧車
아오미 역
青海駅
비너스 포트
ヴィーナスフォート
후네노카가쿠칸 역
船の科学館駅
텔레콤 센터 역
テレコムセンター駅
아리아케 역
有明駅
도쿄 베이 아리아케
워싱턴 호텔
선루트
아리아케 호텔
장수한주방
고쿠사이텐지조세몬 역
国際展示場正門駅
도쿄 빅사이트 전시장
東京ビグサイト
트러스티 도쿄
베이사이드 호텔

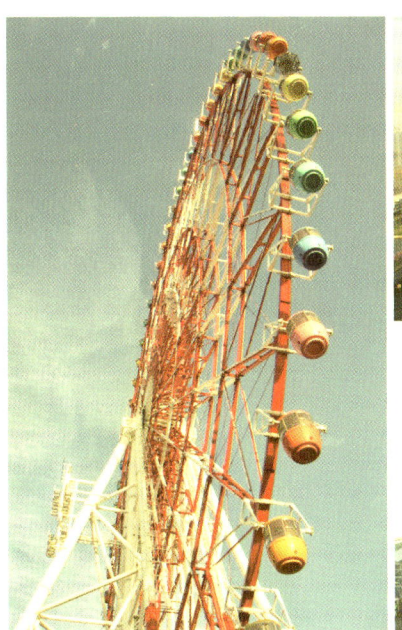

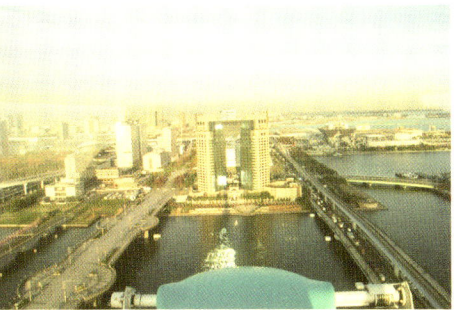

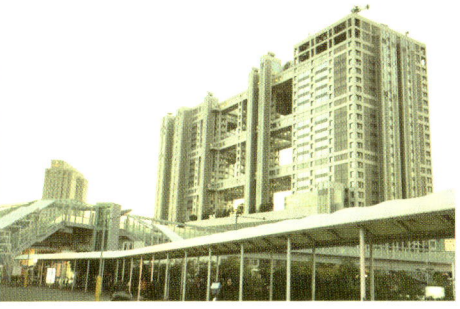

핵심코스 01

오다이바 (お台場)

밤낮으로 지하철을 타고 빌딩 숲속을 다니면 도쿄가 항구도시라는 사실을 잊게 된다. 고층 빌딩들이 바다를 감추고 있을 뿐이다. 모노레일 유리카모메 선을 타고 복잡한 빌딩 숲을 벗어날 즈음 넓은 바다가 보이면서 도쿄의 새로운 모습, 항구도시로서의 모습이 드러난다. 반듯한 도로와 건축물 사이로 보이는 드넓은 바다. 늘 바쁜 일상생활 속에서 살아가는 도쿄 시민들의 생활 패턴이 답답할 수 있지만, 오다이바에서는 자유로움이 느껴진다.

오다이바는 거대한 하나의 쇼핑몰이라 할 만큼 쇼핑몰이 밀집해 있다. 하루 종일 둘러보기 힘들 만큼 거대하다. 해안가를 산책하는 사람, 해안에 위치한 카페에서 커피 한잔을 즐기는 사람, 쇼핑을 하면서 즐거워하는 사람들이 있는 오다이바는 도심 속 휴양지와 같다.

ⓒYURIKAMOME

빅사이트 전시장에서 찾아가기

유리카모메 선 국제전시장 정문 역에서 아오미 淸海 역으로 이동 (1.4km/도보 18분, 전철 2분/¥190).

Tip 유리카모메 이용하기

유리카모메 선은 도쿄 도심과 오다이바를 연결하는 무인 전동차다. 오다이바의 대부분의 관광 스폿이 역을 중심으로 밀집되어 있다. 1일 이용권을 추천한다 (¥820). 하루 3회만 이용해도 비용절감의 효과가 있다.

오다이바 야경 즐기기

Spot 1 팔레트 타운 Palette Town 대관람차

지름 100m, 지상 115m의 대관람차는 형형색색의 네온으로 물들어 있는 오다이바의 야경을 보기 위해 타는 것이다. 도쿄 타워, 스카이 트리, 레인보우 브리지 그리고 바닷가의 야경을 한눈에 내려다 볼 수 있다. 투명 아크릴로 만든 '시스루 곤돌라'에 올라타서 오다이바의 스릴 넘치는 야경을 즐기자.

Open 10:00~22:00 (금·토·경축일은 23시까지 연장운영)
Cost ¥920
Tel 03-5500-2655
Access 유리카모메(ゆりかもめ) 선 아오미(青海) 역 비너스 포트(ヴィーナスフォート) 2층과 연결, 도쿄 텔레포트(東京テレポート) 역에서 도보 3분
Web www.daikanransha.com

Spot 2 레인보우 브리지 Rainbow Bridge

도쿄에는 〈자유의 여신상〉이 있다. 관광객을 위한 모조품 같지만, 전 세계에 3개뿐인 자유의 여신상 중 하나다. 〈자유의 여신상〉을 더욱 돋보이게 만들고 오다이바를 도쿄의 휴양지로 만든 것은 레인보우 브리지다. 여신상이 있는 원형 테라스는 오다이바 최고의 포토 존이며 야경 감상 스폿이다. 레인보우 브리지는 오다이바의 대표적인 상징물로 유명한 현수교이다. 총 길이 800m의 대형 건축물이지만 강풍과 강진에도 견딜 수 있도록 설계되어 있다. 일몰 직후에 켜지는 전등은 현수교의 아름다움을 한껏 느낄 수 있게 해준다.

Tip 자유의 여신상 찾아가기
메가 웹 정면에 도쿄 텔레포트(東京テレポート)역과 오다이바 해변공원까지 연결된 육교가 있다. 육교를 따라 오다이바 해변공원에 도착하면 북쪽 출구로 '덱스 도쿄비치 Decks Tokyo Beach'가 연결된다. 그 뒤에 자유의 여신상이 있는 '아쿠아 시티 Aqua City Odaiba'가 있다(도보 15분).

Open 산책길 09:00~21:00 (4월 1일~10월 31일), 10:00~18:00 (11월 1일~3월 31일)

아오미 역 주변 즐기기

Spot 1 메가 웹 MEGA Web

자동차를 좋아한다면 메가 웹에 있는 도요타의 쇼룸에 가자. 최신 모델을 비롯하여 다양한 차종이 전시되어 있는 자동차 테마파크다. 가장 매력적인 것은 본인이 선택한 도요타 최신 모델을 1.3km 길이의 시승장에서 직접 운전해볼 수 있는 라이드 원Ride One이다. 단, 국제운전면허증이 있어야 하며, 메가 웹 2층 또는 홈페이지에서 예약 필수.

Open 11:00~21:00(전시장)
      11:00~20:00(시승장)
Cost 무료
Tel   03-3599-0808
Access 유리카모메ゆりかもめ 선 아오미靑海 역 비너스 포트 2층과 연결, 도쿄 텔레포트東京テレポート 역에서 도보 3분
Web   www.megaweb.gr.jp

Spot 2 히스토리 게라지 HISTORY Garage

클래식 카 마니아라면 반드시 히스토리 게라지를 둘러보자. 비너스 포트에는 미국, 유럽, 일본 등 세계의 자동차 역사를 집약시킨 작은 쇼룸이 있다. 유명 자동차 대회를 휩쓴 명차들의 미니어처들이 관련 자료들과 함께 전시되어 있다. 2층에는 1950~70년대의 각국의 명차들이 전시되어 있다. 고전 영화의 한 장면과 같은 거리 풍경에서 클래식 카와 함께 인증샷 필수.

Open 11:00~21:00
Cost 무료
Tel   03-3599-0808
Access 유리카모메ゆりかもめ 선 아오미靑海 역 비너스 포트 2층과 연결, 도쿄 텔레포트東京テレポート 역에서 도보 3분
Web   www.venusfort.co.jp

Spot 3) 비너스 포트 Venus Fort

특이한 실내장식과 예쁜 인테리어 때문에 마치 고풍스러운 중세 유럽에 온 듯한 착각을 일으키게 하는 유럽 스타일의 쇼핑몰이다. 많은 관광객들이 쇼핑보다도 아름다운 인테리어를 카메라에 담는 데 더 바쁜 곳이다. 비너스 포트 중앙에 있는 분수대는 누구라도 먼저 사진을 찍을 만큼 아름다운 포토존이다.

Open 상점 11:00~21:00
음식점 11:00~23:00
Cost 무료
Tel 03-3599-0700
Access 유리카모메ゆりかもめ 선 아오미青海 역 비너스 포트 2층과 연결, 도쿄 텔레포트東京テレポート 역에서 도보 3분
Web www.venusfort.co.jp

Spot 4) 오다이바 해변공원 お台場海浜公

자유의 여신상과 레인보우 브리지를 배경으로 펼쳐진 오다이바 해변공원은 인공으로 조성된 것이나. 해변공원이라 부르지만 아쉽게도 해수욕은 할 수 없다. 하얀 모래가 깔린 모래사장 위에 나무 데크로 산책로를 조성했다. 이른 아침에는 도쿄 시민들의 산책 코스이지만 해가 지는 저녁에는 가족과 연인들이 즐겨 찾는 데이트 명소이기도 하다. 전망 데크에서 이국적인 풍경을 잠시 즐겨보도록 하자.

Tip 일몰을 보면서 해변가 산책하기

레인보우 브리지의 오색찬란한 야경과 그 뒤로 보이는 도쿄 타워와 〈자유의 여신상〉이 빛내는 아름다운 야경은 빼놓아서는 안 되는 필수코스다. 아쿠아 시티 5층에 무료전망대가 있어 노을이 지는 오다이바를 마음껏 즐길 수 있다. 덱스 도쿄 비치 5·6층 전망 좋은 레스토랑에서 식사와 함께 야경을 감상할 수 있다.
Web www.aquacity.jp

More & More

수상버스 이용하기

도쿄에서 즐길 수 있는 이색적인 교통수단이다. 바닷물을 따라 도심을 품고 달리는 수상버스는 우리나라에서 쉽게 경험할 수 없다. 아사쿠사를 관광한다면 레인보우 브리지와 오다이바 풍경을 구경하며 즐길 수 있는 수상버스를 추천한다(시간표 확인 및 사전예약 필수).
수상버스는 아사쿠사에서 오다이바 해변공원까지 23.5km 길이를 운항한다(약 70분/¥1260). 이 구간은 전철을 이용하면 40~60분 소요된다. 스미다隅田 강에 걸린 다리와 도쿄 스카이 라인을 감상할 수 있다. 미래형 수상버스는 〈은하철도 999〉의 작가 마츠모토 레이지松本零士가 디자인 했다.

Access 유리카모메ゆりかもめ 선 신바시新橋 역 매표소에서 수상버스, 유리카모메, 또는 린카이りんかい 선을 자유롭게 이용할 수 있는 1일권을 구입한다. 히노데日の出 역에서 하차, 동쪽 출구로 나가 히노데 선착장으로 간다.
Web www.suijobus.co.jp

핵심코스 02

신주쿠(新宿)

도쿄의 유명 야경 스폿을 꼽는다면 도쿄 타워, 롯폰기 힐즈, 그리고 레인보우 브리지와 〈자유의 여신상〉이 있는 오다이바다. 신주쿠의 야경은 가부키초歌舞伎町의 화려한 네온사인 거리만을 떠올리기 쉽다. 명품 숍과 고급 클럽들이 모여 있는 긴자와 일본 경제를 이끄는 역할을 하는 곳이 마루노우치丸の内라면, 니시신주쿠西新宿는 도쿄의 심장과도 같은 곳이다.

과거 대형 정수장이 있었던 신주쿠가 지금은 고층빌딩 숲이 되었다. 1971년에 오픈한 179m의 게이오 플라자 호텔을 시작으로 앞다투어 고층빌딩들이 세워졌다. 그중에서 신주쿠의 아름다운 야경을 즐기기에 적합한 곳은 도쿄도청 전망대와 신주쿠 NS빌딩이다.

Tip
신주쿠 역에서 JR 야마노테 선을 이용하여 한 정거장 떨어진 신오쿠보新大久保로 가보자. 일본 최대의 한인 타운이다. 신주쿠 역에서 도보 15분, 가부키초에서 도보 10분 거리다. 신오쿠보 역에서 히가시신주쿠 역까지 이어지는 블록에 한국과 관련한 가게들이 모여 있다.

📍 신주쿠 찾아가기

추천 1 빅사이트 전시장에서 찾아가기
도쿄 빅사이트 전시장에서 국제전시장 정문 역까지 도보로 이동, 린카이 선을 타고 오사키大崎 역으로 이동한다. JR 야마노테 선으로 환승, 신주쿠 역에서 하차한다(약 50분/¥500).

추천 2 마쿠하리 메세 전시장에서 찾아가기
가이힌마쿠하리 역에서 JR 게이요 선 익스프레스를 이용하여 도쿄 역으로 이동, JR 주오中央 선을 이용하여 신주쿠 역에서 하차한다(약 60~70분/¥640).

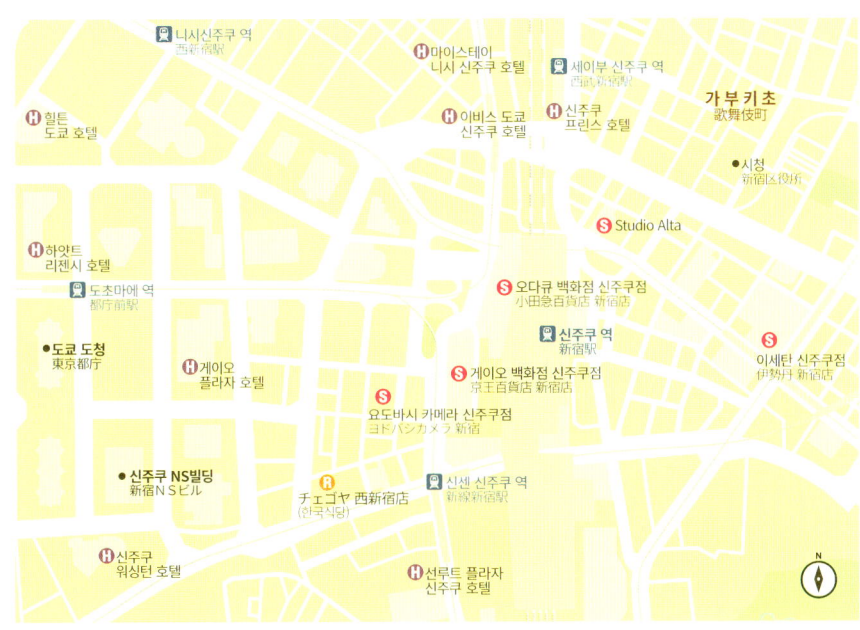

Spot 1 도쿄도청 전망대에서 야경 즐기기

도쿄도청 45층에는 높이 202m의 전망대가 남쪽과 북쪽에 있다. 그중 북쪽 타워(도쿄도청 제1본청사)를 추천한다. 전망대에는 야경을 즐기면서 음료와 먹거리를 판매하는 카페가 있다. 과거에는 360도 야경을 볼 수 있었지만, 최근에는 도쿄 타워가 보이는 가장 아름다운 야경 포인트에서 카페가 운영되고 있다.

Open 북쪽 타워 09:30~23:00,
　　　 남쪽 타워 09:30~17:30
Cost   무료
Tel   03-5320-7890
Access 도쿄도청 제1본청사에 전망대로
　　　 올라가는 엘리베이터 이용
Web   www.yokoso.metro.tokyo.jp

> **Tip** 신주쿠 역에서
> 도쿄도청 전망대 찾아가기

JR 신주쿠 역 서쪽 출구를 나와 '도청방면' 표지판을 따라 걷다 보면 오다큐小田急 백화점 신주쿠점이 보인다. 주오도리中央り를 따라 걸으면 게이오 플라자 호텔이 나오고 그 뒤로 도쿄도청 제1본청사로 연결된다 (1km/약 15분).
Open 09:30~23:00
(남쪽 전망대 매월 1, 3주 화요일 휴무, 북쪽 전망대 매월 2, 4주 월요일 휴무)

Open 식당가 점심 11:30~14:00,
      저녁 17:00~23:00
Cost 무료
Tel   03-3342-3755
Access 도쿄도청 남쪽 타워를 통해 나오면 오른쪽 대각선 정면에 보이는 건물이다(도보 3분).
Web   www.shinjuku-ns.co.jp

Spot 2 신주쿠 NS빌딩에서 야경 즐기기

신주쿠 NS빌딩은 130m 높이의 천장까지 수직으로 뻥 뚫린 구조다. 로비의 대형 추시계와 29층의 흔들다리가 유명하다. 길이 29m의 대형 추시계는 세계에서 가장 큰 추시계이며, 숫자를 대신해서 12간지를 뜻하는 동물형상의 조각들이 시계 역할을 하고 있다. 전망대가 있는 29층은 식당가다. 예약을 하거나 일찍 서두른다면 전망 좋은 자리에서 멋진 야경을 보며 식사를 할 수 있다.

> **Tip** 신주쿠의 두 얼굴

동쪽 출구 주변은 유명 백화점뿐만 아니라 고급 레스토랑, 멀티숍이 많아 쇼핑과 관광을 함께 즐길 수 있다. 가부키초로 가는 길에 있다. 서쪽 출구 주변은 도쿄도청사를 비롯하여 수많은 고층 빌딩이 있는 비즈니스 타운이다. 전자제품을 싸게 구입할 수 있는 대형할인마트 요도바시 카메라 ヨドバシカメラ가 있다.

요도바시 카메라
Open 09:30~22:00
Web www.yodobashi.com

Spot 3 잠들지 않는 거리, 가부키초歌舞伎町 돌아다니기

가부키초는 성인업소, 호스트 바, 러브 호텔이 있는 일본 최대의 환락가이자 유흥가이다. 에도 시대에 최대 홍등가였던 이곳이 제2차 세계대전 때 도쿄대공습으로 폐허가 되었고, 이후 옛날과 같은 환락가로 다시 전락했다. 가부키초 골목 안쪽에는 성인업소가 많다. 초저녁에는 쇼핑을 하려는 현지인들과 관광객들이 많아 치안이 좋지만, 늦은 밤에는 혼자 무작정 걷거나 인적이 드문 뒷골목은 주의해야 한다.

Open 24시
Cost 무료
Access JR 야마노테山手 선 신주쿠新宿 역 동쪽 출구로 나와 정면으로 5분 정도 이동한다. 니시신주쿠는 남쪽 출구 또는 서쪽 출구, 가부키초는 동쪽 출구에서 가깝다.
Web   www.kabukicho.or.jp

핵심코스 03

아사쿠사(浅草)

아사쿠사는 유서 깊은 사찰들이 많은 거리다. 오랜 역사와 함께 관음사 센소지를 중심으로 발전해왔다. 센소지의 카미나리몬(雷門) 등과 주변의 덴보인도리(傳法院通り), 나카미세도리(仲見世通り) 등의 에도 시대 모습을 간직한 옛 거리들이 있다. "이랏샤이마세(いらしゃいませ, 어서오세요)"를 외치며 힘차게 달리는 에도 시대의 인력거를 타고 시타마치(下町)의 옛 거리를 걸어 보자.

아사쿠사 찾아가기

추천1 빅사이트 전시장에서 찾아가기

빅사이트 전시장에서 국제전시장 정문 역까지 도보로 이동, 유리카모메 선을 타고 신바시 역으로 이동한다. 아사쿠사 선을 타고 아사쿠사 역에서 하차한다(약 50~60분/¥600).

추천2 신주쿠에서 찾아가기

신주쿠 역에서 JR 야마노테 선을 타고 우에노 역에서 긴자 선으로 환승, 아사쿠사 역에서 하차한다. 1, 3번 출구로 나와 직진하면 카미나리몬이 있다. 또는 도에이 아사쿠사 선을 이용하여 아사쿠사 역에 하차, A4, A5번 출구로 나가면 정면에 카미나리몬이 있다(약 35~40분/¥370).

Tip 덴보인도리 상점가

나카미세도리 상점가에서 덴보인 쪽으로 연결된 길을 '덴보인도리'라고 한다. 에도 시대를 연상하는 디자인과 간판, 커다란 인형들이 세워져 있다. 나무로 만든 표지판, 기둥, 조형물들이 마치 드라마 촬영장 같다. 에도 시대 복장의 사람들이 연주에 맞추어 거리를 행진하며 홍보하는 이벤트도 있다.

Open 10:00~19:00
(상점마다 차이 있음)

Mission 1 카미나리몬雷門 인증샷 남기기

천년의 역사를 함께 해온 '천둥의 문'은 아사쿠사의 대표적인 상징물이다. 양쪽 옆에는 바람의 신과 번개의 신이 센소지를 지켜주고 있다. 높이 4m의 카미나리몬이 걸린 문은 천하태평과 풍년, 그리고 센소지의 번영을 기원하기 위한 것이다. 카미나리몬 어원의 유래는 문 안에 안치된 신 때문에 불리게 되었다. 천둥의 신은 손가락이 3개, 바람의 신은 4개인데 각각 과거, 현재, 미래와 동서남북을 뜻한다. 제등 아래에는 한 마리의 용이 조각되어 있다. 비를 부르는 용의 능력으로 카미나리몬을 화재로부터 보호하기 위함이라고 전해진다.

Tip
일본에는 사찰과 신사가 있다. 사찰은 말 그대로 부처님을 모시는 곳이다. 반면에 신사는 일본에 있는 각종 신을 모시는 곳이다. 우리에게 반일 감정을 심어주는 야스쿠니靖国 신사는 신이 아닌 위령을 모시는 곳이다. 센소지에는 작은 신사들이 가득하다.

Open 4~9월 06:00~17:00,
      10~3월 06:30~17:00
Cost 무료
Tel   03-3842-0181
Web   www.senso-ji.jp

(Mission 2) 나카미세도리仲見世通り에서 맛집 찾기

카미나리몬에서 센소지까지 이어지는 약 250m의 거리가 나카미세도리다. 양쪽에 도쿄 최고의 장인들이 만들어내는 일본 전통공예품이나 음식 상점들이 늘어서 있다. 이곳에는 에도 시대의 정서가 남아 있어 관광객들에게 인기가 높다. 아사쿠사, 센소지, 도쿄를 상징하는 기념품과 전통공예품을 판매한다. 다양한 전통 간식들도 맛보자.

(Mission 3) 나데보토케撫で仏에서 건강 챙기기

센소지 옆에 센소후도손浅草不動尊이라는 신사가 있다. 그곳에는 온몸이 반질반질 광채가 나는 동상이 하나 있다. 자신의 아픈 부위와 같은 곳을 문지르면 낫는다는 속설이 있기 때문에 센소지에 오는 사람들은 누구나 한 번씩 동상을 문지른다.

Open 10:00~17:00
Web www.asakusa-nakamise.jp

(Mission 4) 오미쿠지おみくじ로 운세 점치기

동전 투입구에 100엔을 넣고 육각형의 은색 통을 흔들면 막대 하나가 튀어 나온다. 그 막대에 적힌 숫자와 같은 서랍을 열어서 운세를 확인하자. 만일 운세가 안 좋으면 쇠막대에 종이를 묶고 기원을 한다. 참고로 대길大吉>소길小吉>길吉>말길末吉>흉凶과 같은 순서다.

(Mission 5) 센소지 앞 향로에서 행운 빌기

센소지 앞에는 큰 향로가 있다. 수많은 사람들이 연기를 자신의 몸 쪽으로 바쁘게 손짓하고 있는 모습을 볼 수 있다. 이곳에 피운 향이 몸에 닿으면 아픈 병이 낫고 불길한 액운이 사라진다는 속설 때문이다. 자욱한 연기 속에서 한 번쯤 따라 해보자. 이런 풍습은 대만이나 중국에서도 쉽게 찾아볼 수 있다.

(Mission 6) 센소지 둘러보기

센소지는 도쿄에서 가장 오래된 사찰이다(628년). 전설에 따르면 한 어부 형제가 바다에서 물고기를 잡다가 관세음보살 상을 건져내고, 그것을 이곳에 안치했다고 한다. 지난 1,400년간 서민신앙의 중심이 된 도심 속 사찰이다. 본전은 제2차 세계대전 당시 불타버린 것을 1958년에 복원한 것이다. 원래의 이름은 긴류잔센소지金龍山浅草寺이다.

핵심코스 04

도쿄 타워 (Tokyo Tower)

파리 에펠 탑보다 9m 높은 세계 최고의 철탑이다. 1958년에 지어진 도쿄 타워는 333m 높이로, 모든 방송국의 전파를 일본 전역으로 보내는 역할을 한다. 지상 150m 지점에 대 전망대, 지상 250m 지점에 특별전망대가 있으며, 날이 맑으면 후지(富士) 산까지 보인다. 대 전망대 1층에 있는 '룩 다운 윈도 Lookdown Window'는 바닥이 투명한 유리로 되어 있어 짜릿한 느낌을 체험할 수 있다. 일본의 많은 소설과 영화 그리고 드라마에서 도쿄 타워를 배경으로 할 만큼 큰 사랑을 받고 있다.

도쿄 타워를 둘러보고 신바시 역 주변으로 가자. 길가에 있는 이자카야는 퇴근 후 가볍게 맥주 한잔을 하는 일본 현지인들의 일상이기도 하다. 그리고 일본의 대표적인 쇼핑 거리 긴자까지 걸으며 유명 브랜드의 최신 트렌드를 읽어 보자.

Open	09:00~23:00
Cost	대 전망대 ¥900
	(특별전망대는 공사중)
Tel	03-3433-5111
Address	東京都港区芝公園4丁目2-8
Web	www.tokyotower.co.jp

🅜 빅사이트 전시장에서 찾아가기

추천1 JR 야마노테 선 이용하기
국제전시장 정문 역에서 유리카모메 선을 타고 신바시 역으로 이동한다. JR 야마노테 선 시나가와행을 타고 하마마쓰초 역에서 하차, 북쪽 출구로 나와 좌회전 후 직진한다(도보 1.3km/약 15분).

추천2 오에도 선 이용하기
국제전시장 정문 역에서 유리카모메 선을 타고 시오도메 역으로 이동한다. 오에도 선을 타고 다이몬大門 역에서 하차, A6 출구로 나와 직진한다(도보 1km/약 12분).

Tokyo   045

Tip 불 켜진 도쿄 타워를 보려면
세계무역센터 전망대로

회색도시의 붉은 도쿄 타워도 아름답지만 해가 졌을 때 도쿄 타워는 더 아름답다. 도심 속의 도쿄 타워를 보고 싶다면 하마마쓰초 역 앞에 있는 세계무역센터 전망대를 추천한다. 40층에 위치한 특별전망대에서는 도쿄 타워와 함께 도쿄 항구와 오다이바 레인보우 브리지도 볼 수 있다.

Open   10:00~20:30
        (하절기, 크리스마스에는 특별연장)
Cost   ¥620
Web   www.wtcbldg.co.jp/wtcb/facility/seaside

Tip 도쿄 타워 주변 맛집,
무사시야むさしや(돈카츠 전문점)

Open   11:30~13:30, 17:30~20:30(마지막 주문),
        11:30~13:30(토요일), (일요일·공휴일 휴무)
Cost   ¥1,000~3,000
Tel   03-3436-6348
Address 東京都港区芝大門 1-11-3
Web   www.musashiya.net

More & More

도쿄 타워 주변

다이몬大門 역과 하마마쓰초浜松町 역에서 도쿄 타워를 가려면 사찰 조조지增上寺를 지나가야 한다. 조조지는 1393년에 창건된 사찰로, 매년 제야의 종을 울리는 곳이다. 조조지 입구에는 산게다츠모트解脫門이 있는데, 이 문을 지나면 번뇌로부터 자유로워진다고 한다. 그 옆에 있는 시바 공원芝公園은 조조지와 함께 도쿄 타워를 가까이서 볼 수 있는 곳이다.

추천코스 01

하라주쿠 (原宿)

영국풍의 목조 건축물로 지어진 하라주쿠 역은 일본 학생들과 관광객들로 몸살을 앓고 있다. 하라주쿠는 만화에 나오는 복장을 입고 거리를 활보하는 학생들, 자기만의 개성을 자유롭게 표현하는 젊은 이들로 가득하다. 10대들을 위한 의류, 소품, 팬시용품점이 있는 다케시타도리竹下通り와 스트리트 패션의 '우라하라주쿠裏原宿' 그리고 세계적인 명품 숍과 유럽풍 카페가 있는 '오모테산도表参道', 우리나라 청담동과 같은 '아오야마青山'가 골목과 골목으로 이어져 하나의 거대한 패션타운을 만들고 있다.

ⓢ 아사쿠사에서 찾아가기
아사쿠사 역에서 도쿄 메트로 긴자 선을 이용하여 시부야 역까지 이동. 시부야 역에서 JR 야마노테 선으로 환승하여 하라주쿠 역에서 하차한다(약 40~50분/¥380).

추천1 **JR 야마노테 선 이용하기**
하라주쿠 역 하차, 2번 출구로 나간다. 길 건너 왼쪽으로 언덕길을 내려가면 하라주쿠의 시작점인 다케시타도리가 있다.

추천2 **도쿄 메트로 긴자 선 이용하기**
오모테산도 역 하차, 2번 출구로 나가 걸으면 정면에 오모테산도 힐즈가 있다.

추천3 **도쿄 메트로 후쿠토신副都心 선 이용하기**
메이지진구마에明治神宮前 역 하차, 5번 출구로 나가면 하라주쿠와 오모테산도 힐즈가 있다.

Tokyo 047

Mission 1 다케시타도리에서 새로운 내 모습 찾기

하라주쿠 역을 빠져 나와 왼쪽으로 걷다 보면 좁은 골목길이 있다. 블랙홀처럼 수많은 사람들을 집어삼키고 있다. 10대들의 패션 거리인 다케시타도리다. 골목 입구에 방문시간과 함께 기념사진을 찍기 위한 포토존이 있다. 골목에 들어서는 순간, 호기심도 발동된다. 그 속에서 또 다른 내 모습을 찾아보자.

Mission 2 오모테산도 힐즈表参道ヒルズ에서 힐링하기

오모테산도 힐즈에 늘어서 있는 느티나무 가로수 길 아래에는 세계적인 명품 숍들이 최신 트렌드를 선보이고 있다. 오모테산도 힐즈에는 유명 브랜드뿐 아니라 국내에서 쉽게 보기 힘든 브랜드 숍들이 입점되어 있다. 특히 산책하듯 걸을 수 있도록 계단이 없는 스파이럴 슬로프와 물소리, 바람소리 등 자연적인 음악이 실내에 흐르고 있다. 쇼핑뿐만이 아닌 마음의 평온까지 얻을 수 있다.

Tip
오모테산도 힐즈 찾아가기
JR 야마노테 선 하라주쿠 역을 나와 길 건너 오른쪽에 있는 사거리에서 왼쪽으로 길게 뻗은 길이 오모테산도 힐즈다.

Mission 3 숨은 골목길에서 득템하기

하라주쿠에는 유명한 쇼핑 거리가 곳곳에 있다. 하라주쿠 역에서부터 오모테산도 역까지 골목골목에는 예쁜 카페와 레스토랑, 다양한 액세서리를 판매하는 소품 숍들이 숨어 있다. 저렴한 가격으로 판매하는 실용적인 아이템을 찾아보자. 골목길 속에 숨어 있는 보물찾기 하듯.

Tip
하라주쿠 역과 오모테산도 힐즈 사이에 있는 메이지진구마에 역 4번 출구 앞에 있는 콘도마니아Condomania를 끼고 오른쪽으로 산책하듯 걷다 보면 시부야와 연결된다(약 20분). 시부야 역까지는 캣 스트리트Cat Street를 따라 걷는 도보여행을 추천한다.

추천 코스 02

시부야 (渋谷)

패션의 거리, 열정의 거리, 젊음의 거리. 시부야는 도쿄뿐 아니라 일본 전국에서 10~20대 젊은 세대가 모여드는 패션의 거리이다. 긴자가 명품관 중심, 신주쿠가 브랜드 중심이라면 시부야는 트렌디한 디자인 중심이다. 이는 개성을 중시하는 젊은이들이 찾는 이유이기도 하다. 밤에는 롯폰기와 함께 나이트 라이프를 대표하는 클럽 가이기도 하다. 대형 쇼핑몰부터 돈키호테, 가전제품 숍, 레코드 숍, 카페, 맛집들이 밀집해 있는 시부야는 낮과 밤의 구분이 없는 거리다.

시부야 찾아가기

추천1 JR 야마노테 선 이용하기

시부야 역에서 하차, 하치코 개찰구로 나온다. 두 개의 하치코 개찰구 중에 1번 플랫폼의 계단 앞에서 건물 밖으로 바로 연결되어 있는 하치코 개찰구를 이용한다.

추천2 도쿄 메트로 한조몬 선, 긴자 선, 후쿠토신 선 이용하기

시부야 역에서 하차, 하치코 방면 출구로 나가면 충견 하치코 동상 앞으로 연결된다.

Mission 1 하치코ハチ公 동상에서 인증샷 찍기

JR 시부야 역 만남의 광장에는 하치코 동상이 있다. 하치는 언제나 주인의 퇴근시간에 맞춰 역까지 마중 나왔는데, 주인이 죽은 다음에도 10년이나 마중 나왔다. 눈이 오나 비가 오나 늘 같은 자리에서 주인을 기다리는 하치의 모습이 세상에 알려지면서 '충견 하치코'라 불리게 되었다. 동상 앞에 있는 초록색 전차 안에는 하치의 사진과 관련기사가 전시되어 있다.

Mission 2 큐 프런트 Q-Front에서 차 한잔하기

건물 전체가 유리로 되어 있어 제일 먼저 눈에 띄는 건물이다. 내부에는 카페, 극장 및 서점이 있으며, 1층에 있는 스타벅스는 만남의 장소다. 창밖으로 횡단보도를 바쁘게 건너가는 수많은 사람들을 보고 있으면 또 다른 세상에 와 있는 듯하다. 일본인들은 이것을 '시부야 스크램블 Shibuya Pedestrian Scramble'이라고 부른다.

Mission 3 시부야 109 패션 따라잡기

도쿄의 최신 패션 트렌드를 알려면 '시부야 109'로 가자. 시부야 역 앞에 서서 Q-FRONT를 기준으로 오른쪽에 있는 건물이 남자들을 위한 시부야 109다. 좁은 에스컬레이터를 타고 최신 패션 트렌드를 보는 것도 재미있다. 시부야 109의 패션은 과감하고 독특하다.

Mission 4 로프트 LOFT에서 득템하기

실용적인 디자인 생활 잡화나 인테리어 소품 전문점이다. 다양하고 독특한 디자인의 용품들이 많다. 지하 1층에서 지상 6층까지 문구, 화장품, 파티용품, 소규모 가구용품에 이르기까지 세련되고 디테일한 상품들이 관광객들을 유혹하고 있다.

선택코스 01

롯폰기 힐즈 (六本木ヒルズ)

롯폰기 힐즈는 일본의 대표적인 부촌이다. 54층의 초고층 빌딩에 아시아 최고最高의 미술관, 파노라마 전망대, 유명 브랜드 쇼핑몰, 멀티플렉스, 고급 레스토랑 등이 한곳에 있다. 롯폰기 힐즈에 산다는 것 자체가 일본 최고의 상류층이라는 의미다. 그런 탓인지 일본의 거미줄과 같은 JR 선이나 지하철로도 롯폰기로 가는 방법은 쉽지 않다. 직접적으로 쉽게 연결되는 교통편이 없기 때문이다.

Open	07:00~21:00
Cost	무료 (전망대, 시티 뷰 ¥1,800)
Tel	03-6406-6000
Access	도에이 오에도大江戸 선 롯폰기六本木 역에서 하차, 3번 출구로 나와 왼쪽으로 도보 5분. 또는 히비야 선 롯폰기 역 하차 1C번 출구로 나와 도보 3분
Web	roppongihills.com

Mission 1) 모리森 타워 시티 뷰シティビュー에서 도쿄 타워 야경보기

모리 타워는 롯폰기 힐즈의 대표적인 건축물이다. 238m의 거대한 높이를 자랑하는 이곳은 유명 브랜드 쇼핑몰과 오피스가 입주해 있다. 49층부터는 모리 미술관, 갤러리, 전망대인 시티 뷰가 있다. 시티 뷰는 저녁에 가야 한다. 밝은 낮의 도쿄 전망보다는 곳곳에 조명이 켜지는 야경이 더욱 아름답기 때문이다. 사전에 인터넷으로 할인 티켓을 구매할 수 있다.

Mission 2) 거대한 조각, 〈마망Maman〉에서 인증샷 찍기

모리 타워 정문에 있는 거대한 거미 조각상 〈마망〉은 롯폰기 힐즈의 또 다른 상징물이다. 메트로 햇Metro Hat, 할리우드 플라자의 지상 출구로 나오면 정면에 있다. 프랑스 작가 루이스 부르주아Louise Bourgeois의 작품으로, 거미줄처럼 형상화된 거미는 조직화된 네트워크를 상징하며, 거미를 통해서 어머니에 대한 동경을 담아냈다고 한다. '마망'은 프랑스어로 어머니를 뜻한다.

Tip

롯폰기 힐즈는 유명한 명성과 달리 관광객에게 매력적인 곳은 아니다. 불 켜진 도쿄 타워를 볼 수 있는 전망대는 국제무역센터와 비교되며, 도쿄의 3대 럭셔리 쇼핑몰은 다른 지역의 백화점과 크게 다를 바가 없다. 명품 쇼핑에 관심이 없다면 추천하지 않는다.

여 행 이 야 기
하류사회의 아이콘, 신주쿠 이해하기

도쿄의 대표적인 도시, 신주쿠는 낮과 밤이 다르다. 신주쿠 역을 중심으로 동쪽과 서쪽의 모습은 다르다 못해 상반된 느낌이다. 동쪽의 신주쿠는 유흥업소와 상점이 즐비한 소비문화의 중심지이며, 서쪽의 신주쿠는 고층빌딩 숲속에 도쿄도청을 비롯한 관공서와 대기업이 집중되어 있는 행정타운이다. 신주쿠는 정말로 볼 것도 없고 위험한 도시일까? 한 나라의 도시를 반나절의 유흥관광지로 평가한다는 것은 위험한 일이다.

초기의 신주쿠는 가부키초로부터 출발한다. 신주쿠는 지금의 도쿄로 들어오는 길목에 위치하고 있었다. 지방에서 지친 몸을 이끌고 도쿄(에도)로 들어오던 사무라이들과 상인들이 하룻밤 쉬어 가던 곳이 되었고, 자연스럽게 숙박업과 유흥업이 발달하게 되었다.

1923년 일본 관동대지진으로 일본전역이 엄청난 피해를 입었다. 지진의 피해가 거의 없었던 신주쿠에는 수많은 사람들이 몰려들었다. 이후 급속도로 번영하던 신주쿠는 제2차 세계대전 폭격으로 폐허가 되었다. 신주쿠에는 암시장이 형성되었고, 불법적인 물건들이 거래되고 야쿠자들이 활개하는 도시로 타락했다.

일본정부는 신주쿠의 재건을 위해 예능중심의 도시로 만들기로 했다. 일본의 전통 가극인 가부키 극장을 만들고, 극장을 중심으로 다시금 숙박과 유흥시설이 들어서면서 지금의 가부키초가 형성되었다. 그리고 1930년대부터 있었던 이세탄 백화점, 미쓰코시, 마츠야, 긴자와코 등과 같은 대형 백화점이 입성하면서 현재의 고급 소비문화가 갖춰졌다.

이후 일본정부는 신주쿠 사람들의 수준을 끌어올리기 위해 도쿄도청을 옮겼다. 일본 최고의 엘리트들이 신주쿠로 이동하면서 새로운 지역이 형성되었다.

신주쿠를 둘러보려면 낮에는 대형 백화점을 중심으로, 일몰이 시작되면 도쿄도청 주변의 빌딩 숲속을, 어둠이 신주쿠를 삼키면 가부키초의 네온사인 안으로 들어가보자. 낮과 밤이 다른 신주쿠의 새로운 얼굴을 찾다 보면 시간이 부족하다.

PART 5
도쿄의 먹거리

추천1 스시 寿司

일본에 가면 꼭 한 번 먹어보고 싶은 것이 스시다. 도쿄에서 스시는 쉽게 접하기 힘들다. 스시 전문점의 가격이 비싸기 때문이다. 그래도 스시 본고장의 맛을 느끼고 싶다면 스시 전문점을 추천한다. 가격이 부담스럽다면 회전초밥집을 이용하자.

> **Tip 스시의 종류**
>
> 니기리 스시握り寿司는 밥 위에 생선회가 올라간 일반적인 스시다. 마키 스시巻き寿司 또는 노리마키のり巻き는 김밥처럼 속에 재료를 넣어 만든 스시다. 치라시 스시ちらし寿司는 밥 위에 초밥 재료를 예쁘게 뿌린 것이고, 오시 스시押し寿司는 눌러서 반듯하게 만든 것이다.
>
> **Tip 스시 명칭**
>
> 에비海老(새우)/아마에비甘海老(단새우)/아카가이赤貝(피조개)/호타테ホタテ(가리비)/아와비あわび(전복)/이카烏賊(오징어)/타코たこ(문어)/사몬サーモン(연어)/이쿠라イクラ(연어알)/우니うに(성게알)/아지アジ(전갱이)/우나기ウナギ(장어)/아나고穴子(붕장어)/마구로マグロ(참치)/타이たい(도미)/히라메ひらめ(광어)/사바サバ(고등어)/산마サンマ(꽁치)/이나리いなり(유부초밥)/타마고たまご(계란)

추천2 돈카츠 トンカツ

포크 커틀릿Pork Cutlet이 일본에서 불리는 명칭은 '돈카츠'다. '돈豚'은 돼지고기를 뜻하고, '카츠'는 커틀릿을 일본식으로 발음한 것이다. 일본의 돈카츠는 도톰한 살코기와 바삭하고 고소한 맛으로 등심을 이용한 로스ロス나 안심을 이용한 히레ヒレ가 기본적이다.

추천 3 햄버그 스테이크ハンバーグステーキ, 오므라이스オムライス

햄버그 스테이크는 고기를 잘게 다진 후 뭉친 패티를 스테이크처럼 구워서 먹는 것이다. 오므라이스는 각종 재료와 야채를 밥과 함께 소스와 함께 볶아 달걀로 덮는 요리다. 오므라이스라는 말은 프랑스어의 '오믈렛Omelette'과 '밥Rice'이 합성된 단어다. 일본의 인기 메뉴 중 하나다.

추천 4 우동うどん, 소바そば

스시와 함께 일본의 대표음식으로 손꼽히는 우동과 소바다. 쫄깃한 면발의 우동은 지역별로 맛이 다르다. 육수만을 부어 먹는 가장 기본적인 가케 우동かけうどん, 유부를 넣은 기쓰네 우동きつねうどん, 튀김 부스러기를 넣은 다누키 우동たぬきうどん, 튀김을 얹은 덴푸라 우동てんぷらうどん, 카레 우동カレーうどん 등이 있다.

소바는 메밀 면으로 만든 국수를 말한다. 소바 면에 간장 소스를 찍어 먹는 모리 소바もりそば, 면 위에 길게 자른 김을 얹어 먹는 것을 자루 소바ざるそば, 갈은 마를 곁들여 먹는 도로로 소바とろろそば 도 있다. 참고로 일본 소스는 굉장히 짜다.

추천 5 라멘ラーメン

스시보다 사랑받는 라멘 또한 지역에 따라 독특한 맛을 가지고 있다. 쇼유라멘醬油ラーメン은 간장, 미소라멘味噌ラーメン은 된장, 시오 라멘塩ラーメン은 소금으로 맛을 낸다. 돼지고기를 푹 고아 만든 돈코츠라멘豚骨ラーメン, 차가운 면에 소스를 버무려 먹는 히야시멘冷やしラーメン, 삶은 면을 차갑게 해서 국물에 찍어 먹는 츠케멘つけめん 등이 있다.

얼큰한 국물에 소주 한잔을 하고 싶다면?

우동, 돈카츠, 라멘도 먹어봤다. 일본 현지 맥주도 마셔봤다. 감칠맛 나는 반찬과 한국음식이 생각난다. 아쉽게도 일본에서는 한국에서 고기를 먹듯 맘껏 구워먹을 수 없다. 금액이 너무 비싸기 때문이다. 매콤한 김치가 생각나고 얼큰한 요리가 그립다면 한국식당을 찾아가보자.

오다이바 주변

장수한주방 長寿韓酒房 아리아케 有明점
- Tel: 03-5530-0002
- Address: 江東区有明3-6-11 TFTビル 東館 2階
- Access: 유리카모메 ゆりかもめ 선 국제전시장 정문 역에서 도보 1분
- Web: www.tyoujukan.com

KOLLABO 오다이바점
- Tel: 03-6426-0717
- Address: 東京都港区台場1-7-1 アクアシティお台場5F
- Access: 오다이바 아쿠아 시티 5층
- Web: www.kollabo.co.jp

마쿠하리 메세 전시장 주변

チェゴヤ 마쿠하리 점
- Tel: 043-441-3411
- Address: 千葉県千葉市美浜区中瀬2-6 WBGマリブダイニング2F
- Access: JR 게이요 京葉 선 마쿠하리 幕張 역에서 도보 2분

李さん 마쿠하리점
- Tel: 043-213-2153
- Address: 千葉県千葉市美浜区ひび野1-9 スーク海浜幕張 1F
- Access: 게이요 京葉 선 마쿠하리 幕張 역에서 도보 2분

명동식당 하리신도심 幕張新都心점
- Tel: 043-213-6400
- Address: 千葉市美浜区豊砂1-1 イオンモール幕張新都心 グランドモール1階
- Access: 마쿠하리 메세 전시장 뒤편 AEON Mall 1층

도심 주변

소야소야 SOYASOYA
- Tel: 03-6277-8557
- Address: 東京都港区六本木4-1-9
- Access: 도에이 오에도 大江戸 선 롯폰기 六本木 역에서 도보 5분

궁
- Tel: 03-6459-2696
- Address: 東京都港区西麻布1丁目7
- Access: 도에이 오에도 大江戸 선 롯폰기 六本木 역에서 도보 5분
- Web: www.kung.jp

초사암 草思庵
- Tel: 03-3478-2206
- Address: 東京都港区西麻布3-24-5
- Access: 도에이 오에도 大江戸 선 롯폰기 六本木 역에서 도보 10분 또는 히로오 広尾 역에서 도보 10분
- Web: www.soushian.com

풍금 プングム
- Tel: 03-6380-2652
- Address: 東京都新宿区大久保1丁目16-14 山水林ビル1F
- Access: JR 야마노테 山手 선 오쿠보 大久保 역에서 또는 신오쿠보 新大久保 역에서 도보 5분, 히가시신주쿠 東新宿 역에서 도보 10분
- Web: www.pungumu.com

한국정 돈야 韓国亭 豚や
- Tel: 03-6427-8629
- Address: 東京都 渋谷区渋谷区道玄坂 道玄坂 2-25-7 プラザ道玄坂 4F
- Access: JR 야마노테 山手 선 시부야 渋谷 역 하치코 출구에서 도보 5분

Tokyo

チェゴヤ 니시신주쿠西新宿점
- **Tel** 03-3345-5776
- **Address** 東京都新宿区西新宿1-19-12 鮎沢ビル3F
- **Access** 야마노테山手 선 신주쿠新宿 역 남쪽·서쪽 출구에서 도보 5분
- **Web** www.chegoya.com

돈짱とんちゃん 신주쿠점
- **Tel** 03-5287-4133
- **Address** 東京都新宿区歌舞伎町2-14-8 メトロプラザ２ビル1F
- **Access** 도에이 오에도大江戸 선 히가시 신주쿠東新宿 역에서 도보 1분
- **Web** www.tonchang.com

돈짱 신오쿠보점
- **Tel** 03-5155-7333
- **Address** 東京都新宿区大久保2-32-3 リスボンビル1F
- **Access** 도에이 오에도大江戸 선 신오쿠보新大久保 역에서 도보 3분

돈짱 시부야점
- **Tel** 03-5985-4898
- **Address** 東京都渋谷区道玄坂2-6-2 藤山恒道玄坂ビル2·3F
- **Access** 야마노테山手 선 시부야渋谷 역에서 도보 2분

돈칸豚かん
- **Tel** 03-3232-8885
- **Address** 東京都新宿区歌舞伎町2-19-10 第七金嶋ビル2, 3階
- **Access** 도에이 오에도大江戸 선 히가시 신주쿠東新宿 역 A1출구에서 도보 4분
- **Web** www.tonkan.jp

쌈바야さんぱ家
- **Tel** 03-5292-6951
- **Address** 東京都新宿区大久保2-19-1 セントラル大久保ビル地下1号
- **Access** JR 야마노테山手 선 신오쿠보新大久保 역에서 도보 6분
- **Web** www.sanpaya.com

태창원太昌園
- **Tel** 03-3831-6365
- **Address** 東京都台東区上野2-8-6
- **Access** JR 야마노테山手 선 우에노 역에서 도보 7분
- **Web** www.taishoen.co.jp

고사리
- **Tel** 03-3582-1228
- **Address** 東京都港区東麻布2-19-3 ミレーヌ東麻布1F
- **Access** 도에이 오에도大江戸 선 아카바네바시赤羽橋 역에서 도보 3분 또는 아자부주반麻布十番 역에서 도보 7분
- **Web** www.kosari.jp

PART 6
쇼핑 거리

일본에서 쇼핑을 한다는 것은 무엇을 사고 싶은지 분명하다는 이야기다. 명품 브랜드 의류 또는 아기자기하면서도 개성 넘치는 소품, 아이디어 상품이나 생활용품, 첨단 가전제품, 특별한 전문 컬렉션 등이 대표적이다. 만일 특별한 쇼핑 리스트가 없다면 비즈니스 여행에서는 과감하게 생략해도 된다. 환율과 면세를 잘 이용하면 현지에서 가성비 높은 쇼핑을 할 수 있다. 참조하자.

아사쿠사 지역

에도 시대의 전통적인 모습이 보존된 아사쿠사에는 기념품과 전통과자를 판매하는 나카미세도리 상점 거리가 있다. 복을 부르는 고양이 '마네키네코招き猫', 백 년 전통이 넘는 가게의 부채와 비녀, 일본의 간식 고구마 양갱, 모나카, 만주, 센베이, 수수떡을 파는 전문 가게들이 줄지어 있다. 일본 최대의 요리도구 전문거리 갓파바시 도구 거리かっぱ橋道具街와 다양한 크기의 식칼 전문점, 에도시타마치江戸下町 전통 공예관이 있다.

긴자 지역

일본인들이 선호하는 핫 스폿, 긴자는 일본문화의 1번지다. 최고급 명품 백화점 와코WAKO 긴자, 남성을 위한 한큐阪急 맨즈 도쿄, 중고명품 매매전문점 고메효KOMEHYO 긴자, 세계최대 규모의 유니클로 등 명품관과 대형 백화점이 모여 있다. 또한, 300년 이상의 역사를 지닌 문구점 '도쿄 규쿄도TOKYO KYUKYODO', 100년 넘은 장난감 전문점 '하쿠히칸 토이파크博品館 TOY PARK', 애플 스토어 긴자와 세계에서 가장 큰 무인양품無印良品 등 특색 있는 쇼핑 거리이기도 하다.

Tip 쇼핑 리스트
- 가또페스타 하라다ハラダ →
  바삭하고 달콤한 양과자
- 도라야とらや →
  오랜 전통을 지닌 고급 양갱
- 루피시아Lupicia →
  복숭아 우롱차
- 마리아주 플레르Mariage Freres →
  프랑스 홍차
- 세라믹 칼 →
  교세라キ゚セラ의 세라믹 칼

신주쿠 지역

신주쿠에는 오다큐小田急 백화점, 게이오京王 백화점, 이세탄伊勢丹 백화점 등 대형 백화점과 쇼핑몰, 명품관들이 거리를 가득 메우고 있다. 또한 화구 전문점 세카이도世界堂, 전자제품 전문점 빅 카메라ビックカメラ, BIC Camera와 요도바시 카메라ヨドバシカメラ 본점, 잡화 전문점 돈키호테ドンキホテ 등 전문 숍도 많다.

시부야와 하라주쿠 지역

시부야에는 랜드마크 큐 프런트Q-FRONT를 비롯하여 도큐東急 백화점, 세이부西武 백화점과 시부야 109와 같은 패션전문 쇼핑몰이 모여 있다. 인테리어 잡화 전문점, 로프트LOFT와 'No Music, No Life'를 주장하는 타워 레코드, 만화 및 애니메이션 전문매장 만다라케まんだらけ 등 전문 숍들도 많다. 특히 하라주쿠에는 10대들을 위한 패션거리 다케시타도리竹下通り와 캣 스트리트 등 패션 거리가 오모테산도와 시부야까지 이어져 있다.

여행을 가는 목적은 맛있는 음식, 쇼핑, 아름다운 풍경,
편하게 쉬고 삶을 재충전하기 위해서 등등 사람마다 다르다.
바쁜 일정 속에서 적은 비용으로 여행을 즐길 수 있다면 그것보다 좋은 것은 없지 않은가.
인천에서 2~3시간에 갈 수 있는 해외여행지는 일본과 중화권 국가를 제외하면 거의 없다.
적은 비용으로 여행하는 데다, 짧은 비행 시간까지. 타이베이는 이 모든 조건을 만족하는 여행지다.

Taipei

꼭 해봐야 할 리스트

타이베이는 해외 유명도시에 비해 볼거리와 쇼핑문화가 발달하지 않았다. 타이베이101 빌딩과 그 주변 지역을 제외하면 특별할 것이 없다. 하지만 음식문화는 다르다. 중국과 일본문화가 적절하게 조화를 이루고 있어 맛집이 많다. 철판요리와 스시, 스테이크, 딤섬 등을 상대적으로 저렴하게 즐길 수 있다. 대만의 대표 명주 금문고량주金門高粱酒도 경험해보자. 알코올도수는 38도와 58도가 있다. 자신에게 맞는 도수를 선택하자. 참고로 현지인들은 음주문화를 즐기지 않는다.

비즈니스 팁

비즈니스 여행지로서 타이베이의 매력은 지리적인 이점으로 무역업이 활성화되어 있고, 일본 기업문화를 밑바탕으로 한다는 것이다. 반면, 자국민에 대한 편의와 배려가 커서 해외기업이 독자적으로 비즈니스를 하기 어렵다. 좋은 파트너를 만드는 것이 비즈니스의 성공 지름길이다. 타이베이는 정적인 도시다. 도시의 변화가 더딘 만큼 비즈니스의 속도도 느리다. 그만큼 신뢰가 중요하다. 향기로운 차 한 잔을 즐기듯 비즈니스를 해야 한다.

PART 1
출장 준비하기

1 항공편 예약하기

타이베이에는 타오위안桃園 국제공항과 쑹산松山 공항이 있다. 인천국제공항에서 타오위안 국제공항까지는 약 2시간 30분, 김포공항에서 쑹산 공항까지는 2시간 10분이 소요된다. 비즈니스 출장자들이 선호하는 항공사는 대한항공, 아시아나항공, 에바항공, 캐세이퍼시픽항공이다. 대한항공과 아시아나항공은 타오위안 국제공항으로 입국한다. 오전에 타오위안 국제공항으로 출발하는 항공편을 예약하자. 여행은 시간이 돈이다.

제1터미널
대한항공, 제주항공, 진에어, 중화항공, 캐세이퍼시픽항공, 타이항공 등

제2터미널
아시아나항공, 에바항공, 에어부산 등. 제1터미널보다 면세점을 이용하기 편리하다.

타오위안 국제공항
현재 제3터미널은 2020년 완공을 목표로 신축 공사하고 있다.
Web www.taoyuan-airport.com

2 비즈니스 호텔 예약하기

비즈니스 여행은 자유여행과 다르다. 호텔을 예약할 때, 관광지 중심에서 전시장으로의 교통편이 편리하고, 저녁 시간에 고객과의 만남이나 접대가 용이한 지역 위주로 호텔을 예약하는 것이 좋다.

타이베이101 빌딩 주변
교통, 식사, 쇼핑에 이르기까지 비즈니스와 여행을 동시에 만족시켜주는 지역이다. 가격별로 호텔을 선택할 수 있으며, 여가시간 활용에 최적이다. 강력추천.

타이베이 기차역 주변
타이베이의 구시가지와 같은 곳으로 다소 노후된 시설과 복잡한 도로체계를 가지고 있다. 대만의 기타 지역으로 이동하기에는 편리하다는 장점이 있다.

난강 전시장 주변
전시 참관은 편리하지만 도심과 떨어져 있어 저녁 시간을 활용하기에 불편하다는 단점이 있다. 주변 지역에 호텔이 적다보니 가격도 높은 편이다.

Tip
출장 목적에 따라, 일행에 따라 호텔의 형태와 예산이 달라진다. 추천 호텔은 도심 번화가의 지하철역 주변으로, 하루에 NT$80~120 가격선의 호텔들이다. 임원수행을 위한 호텔은 5성급으로 품격과 시설, 그리고 접근성이 용이한 곳으로 선정해야 한다. 때로는 어디에 묵는지도 중요하다.
Web Booking.com 또는 인터파크 투어

추천 호텔 리스트

퍼시픽 비즈니스 호텔
太平洋商旅 | Pacific Business Hotel (4성급)
Tel 02-8780-8000
Address 光復南路495號11F
Access 지하철 타이베이101/스마오台北101/世貿 역에서 도보 10분

타이베이101 스파클 호텔
思泊客 | Sparkle Hotel (4성급)
Tel 02-2758-8881
Address 信義路5段16號B1
Access 지하철 타이베이101/스마오台北101/世貿 역 3번 출구에서 도보 3분 이내

AT 부티크 호텔
晶璽商旅 | AT Boutique Hotel (3성급)
Tel 02-2345-9777
Address 信義路4段468號3F
Access 지하철 스정푸市政府 역에서 도보 10분 이내

홀리프로 호텔
豪麗旺商務旅館 | HolyPro Hotel (3성급)
Tel 02-2345-3511
Address 基隆路2段15-2
Access 지하철 타이베이101/스마오台北101/世貿 역에서 도보 10분

아이타이베이2 서비스 아파트먼트
京站二館國際酒店式公寓
iTaipei2 Service Apartment (3성급)
Tel 02-2720-3668
Address 光復南路415號
Access 지하철 스정푸市政府 역 그리고 타이베이101/스마오台北101/世貿 역에서 도보 10분

폴리오 단 타이베이
富藝旅台北大安 | Folio Daan Taipei (4성급)
Tel 02-6626-0658
Address 信義路四段30巷23號
Access 지하철 다안大安 역에서 도보 3분

타이베이 플러튼 호텔-사우스
台北馥敦-復南館 | Taipei Fullerton Hotel-South (4성급)
Tel 02-2703-1234
Address 復興南路2端41號
Access 지하철 다안大安 역에서 도보 5분

로열 팰리스 호텔
豪麗飯店 | Royal Palace Hotel (4성급)
Tel 02-2776-6599
Address 大安路1段81-1號
Access 지하철 중샤오둔화忠孝敦化 역에서 도보 10분

카이사르 파크 호텔 타이베이
希爾頓廳-凱撒大飯店 | Caesar Park Hotel Taipei (4성급)
Tel 02-2311-5151
Address 忠孝西路1段38號
Access 지하철 타이베이처잔台北車站 역 6번 출구와 연결

코스모스 호텔 타이베이
台北天成大飯店 | Cosmos Hotel Taipei (4성급)
Tel 02-2361-7856
Address 忠孝西路1段43號
Access 타이베이 기차역 3번 출구와 연결

선월드 다이너스티 호텔 타이베이
台北王朝大酒店 | Sunworld Dynasty Hotel Taipei (4성급)
Tel 02-2719-7199
Address 敦化北路100號
Access 지하철 타이베이샤오쥐단台北小巨蛋 역에서 도보 5분

쿠오테 타이베이 호텔
酒店報價台北 | Hotel Quote Taipei (5성급)
Tel 02-2175-5588
Address 南京東路3段333號
Access 지하철 난징둥루南京復興 역에서 도보 5분

그린 월드 호텔 난강
南港綠世界大酒店 | Green World Hotel Nangang (3성급)
Tel 02-2711-6869
Address 忠孝東路四段180號1樓
Access 지하철 난강잔란관南港展覽館 역 2번 출구에서 도보 10분

하워드 플라자 호텔 타이베이
台北福華大飯店 | Howard Plaza Hotel Taipei (5성급)
Tel 02-2700-2323
Address 仁愛路3段160號
Access 지하철 중샤오푸싱忠孝復興 역에서 도보 7분

Taipei 063

비즈니스를 위한 호텔

임원 또는 고객과 함께 출장을 간다면, 숙소선정이 더욱 중요하다. 가격보다 호텔의 시설 및 품격을 선호하는 경우가 있기 때문이다. 비즈니스를 위한 고품격 5성급 호텔을 정리해보았다.

코트야드 바이 메리어트 타이베이
台北六福萬怡酒店 | Courtyard by Marriott Taipei (5성급)
Tel   02-2171-6565
Address   忠孝東路7段359號
Access   지하철 난강南港 역과 직접 연결

W 타이베이
台北W飯店 | W Taipei (5성급)
Tel   02-7703-8888
Address   忠孝東路5段10號
Access   지하철 스정푸 역市政府 站 2번 출구에서 직접 연결

험블 하우스 타이베이
寒舍艾麗酒店 | Humble House Taipei (5성급)
Tel   02-6631-8000
Address   松高路18號
Access   지하철 스정푸市政府 역 2번 출구에서 도보 5분

그랜드 하얏트 타이베이
台北君悅酒店 | Grand Hyatt Taipei (5성급)
Tel   02-2720-1234
Address   松壽路2號
Access   지하철 타이베이101/스마오台北101/世貿 역에서 도보 5분

쉐라톤 그랜드 타이베이 호텔
台北喜來登大飯店 | Sheraton Grand Taipei Hotel (5성급)
Tel   02-2321-5511
Address   忠孝東路1段12號
Access   지하철 신다오쓰善導寺 역 2번 출구와 연결

에슬라이트 호텔
誠品行旅 | Eslite Hotel (5성급)
Tel   02-6626-2888
Address   菸廠路98號
Access   지하철 스정푸市政府 역에서 도보 15분

르 메르디앙 타이베이
台北寒舍艾美酒店 | Le Méridien Taipei (5성급)
Tel   02-6622-8000
Address   宋仁路38號
Access   지하철 스정푸市政府 역 3번 출구에서 도보 10분

리젠트 타이베이
台北晶華酒店 | Regent Taipei (5성급)
Tel   02-2523-8000
Address   中山北路39段3號
Access   지하철 중산中山 역에서 3번 출구에서 도보 5분

3 비즈니스 여행 사전 확인사항

❶ 비자 필요여부 확인
관광 목적인 경우 90일간 무비자 체류가 가능하다. 단, 여권 유효기간이 6개월 이상 남아 있고 왕복 항공권을 소지하고 있어야 한다.

❷ 현금은 얼마나 환전해야 하나?
대중교통과 간단한 식사 기준, 1일 NT$1,000~1,500 정도 필요하다. 예상 경비의 50~70%만 환전을 하자. 비상금으로 약간의 달러를 준비하자.

❸ 화폐와 환율
뉴타이완달러(New Taiwan Dollar, NT$ 또는 NTD)로 표기한다. 또한 위안으로 표기된 곳도 있다. NT$1는 약 37원이다(2017년 9월 기준). NT$100은 약 4,000원 정도다.

❹ 신용카드
교통비와 쇼핑할 일정 금액만 환전하고, 가능한 한 신용카드를 사용하자. 은련 카드 UnionPay를 가지고 가면 편리하다.

❺ 날씨
타이베이의 날씨는 항상 덥다. 습도도 높아 체감온도는 더 높다. 여름에는 공항에서 내리는 순간 숨이 막힌다. 야후 또는 날씨 관련 애플리케이션에서 10일간의 일기예보를 확인할 수 있다.

❻ 시차
시차는 우리나라보다 1시간이 늦다.

❼ 전원
110V/60Hz를 사용한다. 일본에서 사용하는 별도의 어댑터(11자 형태)가 필요하다. 필요시 편의점에서 구매 가능하다.

Tip
- 차량 렌털 불가능. 대한민국 국제운전면허증은 인정하지 않는다.
- 지정된 흡연장소 이외의 레스토랑, 호텔 등 공공시설에서 흡연금지. 위반 시 벌금 NT$10,000.
- 지하철, 버스 내에서 음주, 흡연 시 NT$7,500 이상의 벌금 부과.
- 지하철에서 음료수뿐만 아니라 물 한 잔도 마실 수 없다.

상황별 필수회화 문장

대만도 영어가 잘 통하지 않는 나라다. 오히려 일본어를 잘하는 현지인들이 많다.
기본 표현과 비즈니스를 위한 간단한 자기소개 등 상황별 필수회화 문장을 엄선했다.

기본 표현

- 안녕하세요 你好
- 감사합니다 谢谢
- 미안합니다 对不起
- 괜찮아요 没关系
- 실례합니다 不好意思
- 다시 한 번 말씀해 주시겠어요?
  请再说一遍

비즈니스 표현

- 만나서 반갑습니다
  见到您很高兴
- 오래간만입니다 好久不见
- 저의 이름은 홍길동입니다
  我叫洪吉童
- 저의 명함입니다 这个是我的名片
- 우리 회사의 주요 제품입니다
  我们公司的主要产品

위치 또는 장소 물어보기

- 관광 안내소는 어디에 있습니까?
  光介绍所在哪儿?
- 매표소 售票处
- 택시 승강장 出租车站
- 공항버스 機場巴士

택시 이용하기

- (주소를 보여주며)여기로 가주세요
  请往这个地址
- 여기서 세워주세요
  请在这里停车
- 고맙습니다, 얼마입니까?
  谢谢, 多少钱?

지하철 이용하기

- 표는 어디서 삽니까?
  在哪里卖票?
- 101빌딩으로 가려면 어디로 나가면 됩니까?
  到101大楼要往哪儿去?
- (지도를 가리키며)여기는 어디에 있습니까?
  这个地方在哪里?
- 이 주변에 지하철역이 있습니까?
  这附近有地铁吗?

식당에서 주문하기

- 이 식당은 어디에 있습니까?
  这个餐厅在哪儿?
- 메뉴 좀 보여주세요
  请给我看菜单
- 영어메뉴는 있습니까?
  有英语菜单吗?
- 전부 해서 얼마인가요?
  全部多少钱?
- 영수증을 주세요
  请给我发票

관광 또는 쇼핑하기

- 티켓은 어디에서 삽니까?
  门票在哪儿买?
- 화장실은 어디입니까?
  厕所在哪里?
- 출구는 어디입니까?
  出口在哪儿?
- 몇 시에 문을 엽니까? 几点开门?
- 편의점을 찾고 있습니다
  我在找便利店

PART 2
타이베이 도심 들어가기

타이베이의 타오위안 국제공항은 시내에서 약 40km정도 떨어져 있다. 공항에서 시내로 이동하는 교통수단은 공항버스와 택시가 있다. 공항에서 타이베이 중앙기차역까지 공항버스로 약 50분 정도 소요된다. 타이베이 중앙기차역에 도착한 이후 지하철을 이용하여 호텔 또는 전시장까지 이동하자.

1 타오위안 국제공항에서 도심 들어가기

호텔이나 전시장까지 리무진 버스나 택시를 이용한다(약 50~70분 소요). 또는 타이베이 기차역이나 난강 전시장까지 공항버스가 운행된다. 1청사는 지하 1층, 2청사는 입국장 밖에 버스 터미널이 있다.

추천1 리무진 버스
공항에서 도심까지 가는 가장 싸고 편리한 교통수단이다. 티켓판매소에서 목적지까지의 차표를 구입한다. 짐을 실은 보관증은 절대 분실하지 말 것.

> **1843번. 타오위안 국제공항 - 난강 전시장**
> 국광객운國光客運 / 45~65분 간격 / 06:20~23:20 / NT$115
>
> **1819번. 타오위안 국제공항 - 타이베이처잔台北車 역**
> 국광객운國光客運 / 10~20분 간격 / 24시간 / NT$125

추천2 택시
타오위안 국제공항에서 도심까지 택시 요금은 NT$1,200이며 약 50분 정도 소요된다. 짐이 있을 경우, 택시로 이동하는 것이 좋다.

2 쑹산 공항에서 도심 들어가기
지하철 원후센文湖線과 직접 연결된다. 타이베이 시내 어디든지 이동이 편리하다.

Tip 이지카드 · 아이패스카드 이용하기
이지카드Easy Card, 아이패스카드IPASS Card는 타이베이 여행에 꼭 필요한 충전식 교통카드다. 관광명소 티켓을 포함하여 버스, 철도, 택시, 편의점 등에서 사용 가능하다. 지하철역 매표소 또는 편의점에서 구매할 수 있다. 반환하면 수수료를 제외하고 환불된다. NT$100 단위로 충전한다. 지하철과 시내버스를 정해진 기간 동안 무제한 사용할 수 있다. 1일 패스(NT$180), 2일 패스(NT$310), 3일 패스(NT$440), 5일 패스(NT$700)가 있다. 지하철만 사용하는 1일 패스(NT$150)도 있다.

PART 3
국제전시장 찾아가는 길

대표적인 국제전시장은 난강 전시장南港展覽館/TWTC Nangang Exhibition Hall이다. TWTC는 Taiwan World Trade Center다. 타이베이101 빌딩에 인접한 TWTC에서 주로 행사가 있었지만 최근에는 축소·폐쇄되었다.

찾아가기 1 　 타오위안 국제공항 → 난강 전시장

국광객운國光客運 1843번
타오위안 국제공항 - TWTC Nangang Exhibition Hall
(이용시간 06:20~23:20/80분 소요/NT$115)

찾아가기 2 　 쑹산 공항 → 난강 전시장

지하철 원후센文湖線 직접 연결
쑹산 공항松山機場 역 - 난강잔란관南港展覽館 역
1번 출구(총 11개 역/30분 소요/NT$35)

찾아가기 3 　 타이베이 도심 → 난강 전시장

지하철 반난센板南線 또는 원후센文湖線 - 난강잔란관 역 1번 출구
(지하철 타이베이101/스마오 역타北101/世貿 역 기준, 2번 환승/30분 소요/NT$30)

PART 4
타이베이에서 대중교통 이용하기

추천 1
지하철

지하철을 MRT(Metro Rapid Transit) 또는 지에윈捷運이라 부른다. 원후셴(갈색), 단수이셴·신이셴(붉은색), 반난셴·투청셴(파란색), 신뎬셴·쑹산셴(초록색), 중허셴·루저우셴·신좡셴(주황색), 신베이터우셴(분홍색), 마오쿵란처(진녹색), 샤오비탄지셴(연두색) 총 8개의 노선이 있다.

추천 2
택시

대만의 택시計程車 문화는 안전한 편이며, 승차거부나 바가지를 씌우는 일이 없다. 대부분의 택시 요금은 현금만 지불이 가능하다. 고속도로 이용 시 톨게이트 요금은 별도로 지불한다.

추천 3
버스

버스를 이용할 때는 탑승 전에 목적지 또는 주소를 현지어로 확인해야 한다. 현금과 이지카드 둘 다 사용이 가능하다. 현금의 경우 거스름돈을 주지 않는 경우도 있다.

타이베이 지하철 노선도

PART 5
타이베이 관광코스

타이베이 도심에 관광명소는 많지 않다. 대표적으로 국립고궁박물원國立故宮博物院, 타이베이101台北101 빌딩, 국립중정기념당國立中正紀念堂, 용산사龍山寺, 충렬사忠烈祠 정도가 있다. 또한 사림士林 야시장이나 영강가永康街 등 대만 대표음식을 맛볼 수 있는 거리가 있다. 타이베이 근교에는 단수이淡水, 예류 지질공원野柳地質公園, 지우펀九份 등이 있지만 짧은 시간 동안 근교까지 여행을 하기는 쉽지 않다.

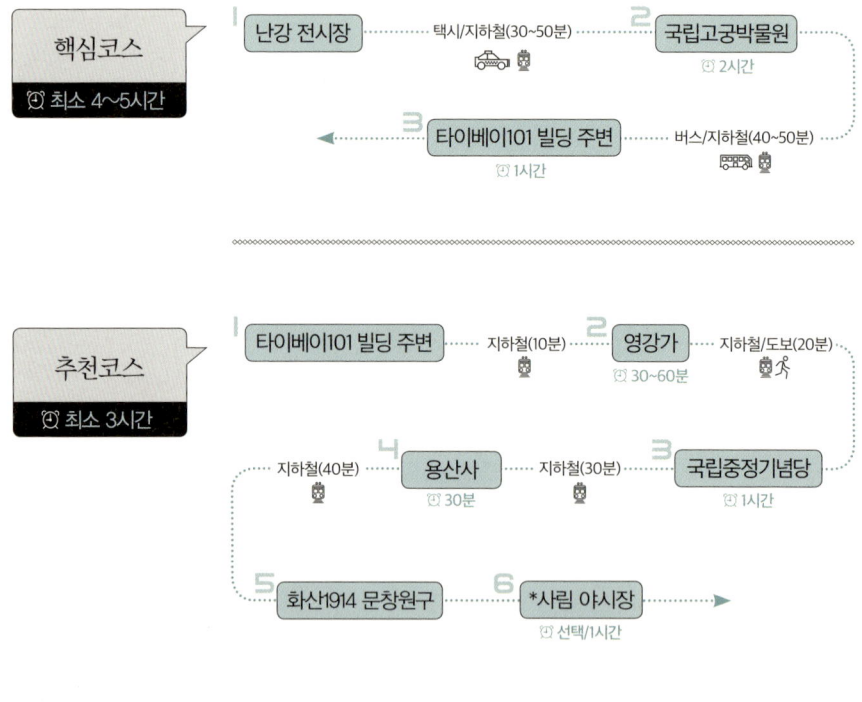

Tip 타이베이 2층 관광버스로 여행하기

타이베이를 여행하는 새로운 방법이다. 홍콩의 빅버스BIG BUS와 같은 2층 관광버스이다. 현재 2개의 노선으로 운영 중이다. 비즈니스 여행에도 적합하다. 타이베이처잔 역 M4출구 앞에서 출발한다.

타이베이 2층 관광버스 노선도

노선 1 (Red Line) — 75분 소요

타이베이처잔 역 - 시먼 역 - 신의, 린쎈 교차로 - 신의, 융캉 교차로 - 다안선린궁위안 역 - 신의, 통화 교차로 - 송렌, 송즈 교차로 - 송서우로 입구 - 스정푸 역 - 국부기념관 - 중샤오둔화 역 - 딩하오시장 - 중샤오푸싱 역 - 심계부 - 타이베이처잔 역

09:10 | 09:50 | 10:30 | 11:10 | 11:50 | 12:30 | 13:10 | 13:50 | 14:30 | 15:10 | 15:50 | 16:30 | 17:00 | 17:30 | 18:00 | 18:30 | 19:00 | 19:30 | 20:00 | 20:30 | 21:00 | 21:30 | 22:00

노선 2 (Blue Line) — 120분 소요

타이베이처잔 역 - 시먼 역 - 신의, 린쎈 교차로 - 앰버서더 호텔 - 따통 회사 - 타이베이시립미술관 - 젠탄 역 - 사림관저 - 국립고궁박물원 - 타이베이처잔 역

09:00 | 09:40 | 10:20 | 11:00 | 11:40 | 12:20 | 13:00 | 13:40 | 14:20 | 15:00 | 15:40 | 16:20

요금표

- **4시간표** 4시간 내 무한 승차 가능(18:00 이전까지 사용 가능)/NT$300
- **주간표** 당일 운영시간 내의 사용만 유효(09:00 ~ 18:00)/NT$500
- **야간표** 당일 운영시간 내의 사용만 유효(18:00 ~ 22:00)/NT$400
- **1일표** 당일 운영시간 내의 사용만 유효(09:00 ~ 23:00)/NT$700
- **2일표** 연속 2일 운영시간 내의 사용만 유효(09:00 ~ 23:00)/NT$1,200

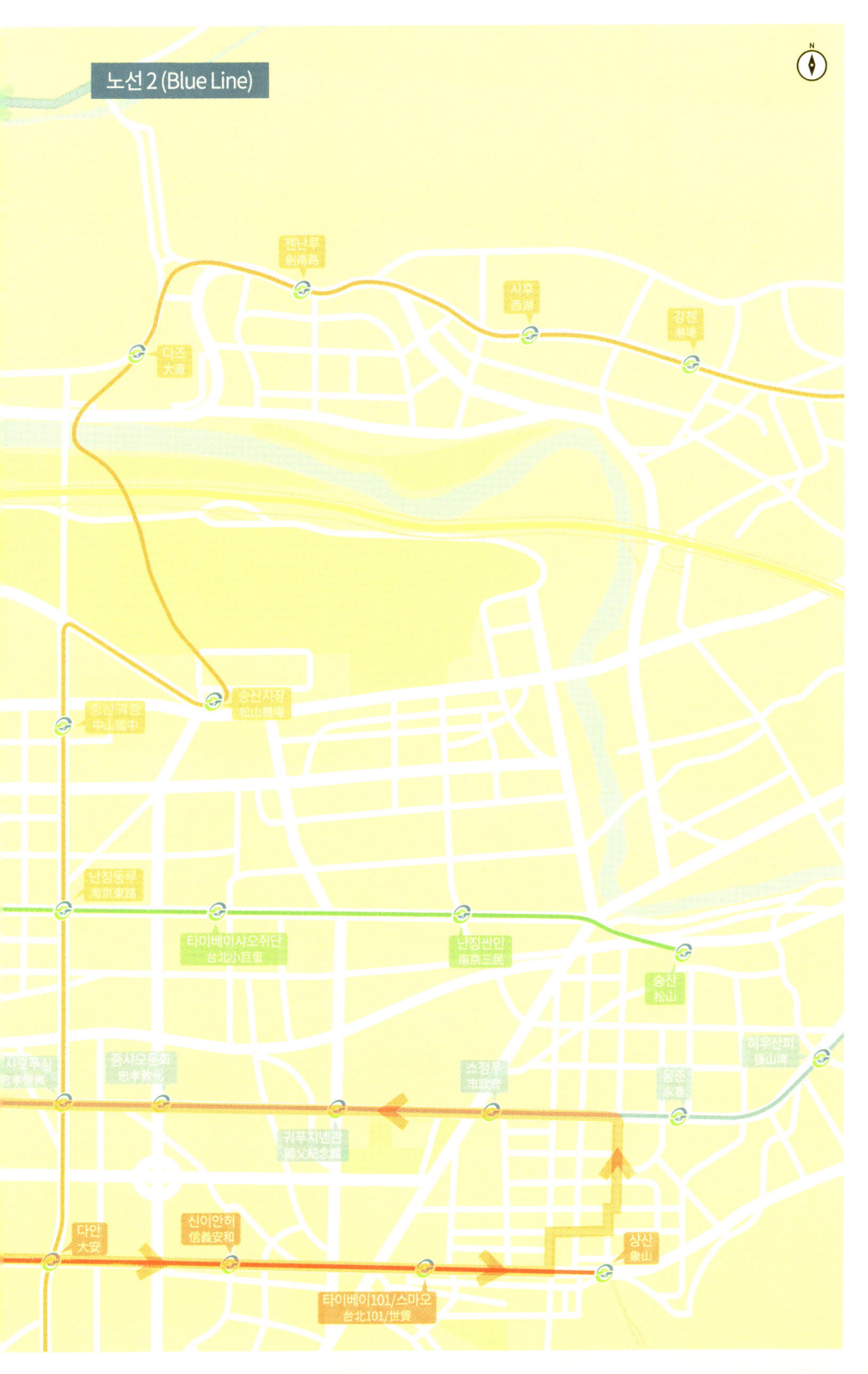

핵심코스 01

타이베이 여행은 도심과 근교로 나눌 수 있다. 타이베이 도심에는 관광명소가 많지 않다. 대표적으로 국립고궁박물원, 타이베이101 빌딩 주변 지역, 국립중정기념당, 용산사, 충렬사 정도가 있다. 현지 젊은이들이 즐겨 찾는 서문홍루西門紅樓, 화산1914 문창원구華山1914文創園區, 쑹산 문창원구松山文創園區 등이 있다. 또한 사림 야시장이나 영강가 등 대만 대표음식을 맛볼 수 있는 거리가 많다. 타이베이 근교에는 마오쿵貓空, 단수이, 예류 지질공원과 지우펀, 핑시平溪 등이 있지만 비즈니스 여행 일정상 다녀오기는 쉽지 않다.

국립고궁박물원(國立故宮博物院)

궈리구궁보위웬 | guó lì gù gōng bó wù yuàn

타이베이에서 꼭 한 곳을 둘러보아야 한다면 국립고궁박물원을 추천한다. 영국 런던의 대영박물관, 프랑스 파리의 루브르 박물관과 견주어 손색이 없는 세계적인 박물관이다. 중국 본토에서 만 리 길 바다를 건너 대만에 정착한 보물들은 중국 송宋나라부터 원元나라, 명明나라 그리고 청淸나라에 이르기까지 중국 역사상 가장 아름답고 뛰어난 황실 보물과 예술품들이다. 그 수가 무려 61만 점이나 되어서 그야말로 '중화中華 문화의 보고'라 할 수 있다. 이는 3~6개월 단위로 2만여 점씩 순환 전시를 한다고 해도 한 사람의 일생 동안 다 볼 수 없는 규모이기도 하다. 3층에는 현미경으로 봐야 할 만큼 작거나 눈으로 보고도 믿기지 않는 작품, 과학적으로 이해하기 힘든 작품 등이 전시되어 있다. 베이징 중국국가 박물관에도 없는 국보급 보물들은 이곳에 전시되어 있다.

📍 난강 전시장에서 찾아가기

추천1 전시장에서 택시로 이동(약 16~22km/30~50분)

추천2 지하철 타이베이 기차역에서 단수이센淡水線으로 환승, 스린士林 역에 하차(총 18개 역/40분/NT$45).

추천3 지하철 원후센文湖線을 타고 젠난루劍南路 역까지 이동(총 9개 역/30분/NT$30), 택시로 환승한다(2.6km/10분). 또는 957번 버스를 이용(70분/NT$40).

Open 08:30~18:30, 매주 금·토요일 야간개방 (18:30~21:00)
Cost NT$250, 오디오 가이드 대여 NT$150 (1층 안내 데스크에서 대여, 여권 필요)
Tel 02-6610-3360
Address 台北市士林區至善路二段221號
Web www.npm.gov.tw

Taipei 075

◉ 도심에서 찾아가기

지하철 단수이셴淡水線의 스린士林 역에 하차, 1번 출구로 나간다. 홍紅 30번 및 255, 304, 18, 19번 버스를 타고 이동한다(3.2km/20분/NT$15, 잔돈을 준비하자. 거스름돈을 주지 않는다).

◉ 둘러보기

국립고궁박물원은 항상 관람객으로 붐빈다. 가능한 이른 아침에 가자. 3층 전시관부터 관람하는 것을 추천한다. 비취옥 배추, 육형석 등 국립고궁박물원의 대표적인 유물들은 대부분 3층에 있다. 사진촬영은 금지. 관람 후 간단한 기념품 쇼핑을 할 수 있다.

> **Tip**
> 산시탕三希堂은 딤섬류와 요리, 국수 등의 식사와 차가 있다(본관 4층, 09:00~18:30). 셴쥐푸閒居푸는 각종 음료, 샌드위치, 케이크 등을 판매하고 있다(본관 1층, 09:00~18:30). 만일 멋진 식사를 원한다면 '구궁징화故宮晶華'를 추천한다. 관람 전에 예약하면 보다 편리하게 이용할 수 있다(운영시간 11:00~21:30, 02-2882-9393).

More & More

중국 보물은 중국에 없다?

고궁박물원은 1925년 중국 베이징의 자금성紫禁城에서 처음 설립되었다. 고궁故宮이란 이름도 베이징에서 유래된 것이다. 1931년 제2차 세계대전 중이던 일본이 중국에 대한 총공세를 시작하면서 고궁박물원은 국보급 유물들을 다섯 무리로 나누어 남쪽으로 분산시켰다.

1945년 8월, 일본이 항복하면서 유물들이 다시 난징南京으로 돌아온다. 1948년 국민당과 공산당의 내전으로 장제스와 중앙정부는 핵심 유물들을 대만으로 옮겼다. 당시 마오쩌둥은 장개석이 해군함정 5척에 국보를 옮기는 것을 알게 되었지만 포격할 수 없었다. 배가 침몰한다면 5,000년 중국 역사를 잃기 때문이었다.

핵심코스 02

타이베이101 빌딩 (台北101)

타이베이 이링이 | tái běi yī líng yī

타이베이101 빌딩은 높이 508m의 건물로 세계에서 손꼽히는 고층 빌딩이다. 원래 명칭은 '타이베이 국제금융센터'지만 '타이베이101 빌딩'으로 통한다. 빌딩은 당나라 불탑佛塔의 디자인으로 하늘로 뻗어나가는 대나무 위에 꽃잎이 여러 장 포개진 모습이다. 총 8개의 마디는 부를 뜻하는 숫자 8을 응용한 것이다.

Open 09:00~22:00
Cost 성인 NT$500
Tel 02-8101-8898
Address 信義區信義路5段7號
Web www.taipei-101.com.tw

◉ 국립고궁박물원에서 찾아가기

국립고궁박물원에서 버스 255번 또는 홍紅 30번을 타고 스린 역으로 이동한다(10개 정류장/10분/NT$15). 지하철을 타고 타이베이101/스마오台北101/世貿 역에서 하차한다(총 13개 역/30분/NT$30).

◉ 도심에서 찾아가기

스정푸市政府 역에서 호텔 W Taipei를 끼고 시청을 지나 직진한다(도보 15분/1.1km). 타이베이101/스마오台北101/世貿 역은 전망대로 들어가는 입구와 직접 연결된다(250m/도보 3분).

◉ 둘러보기

타이베이101 빌딩 전망대는 타이베이의 핫 스폿이다. 89층 실내 전망대는 타이베이 시내를 360도 둘러볼 수 있다. 91층 야외전망대는 날씨에 따라 개방을 한다. 붉은 노을과 도심의 야경을 볼 수 있는 저녁시간을 추천한다. 티켓은 쇼핑몰 5층에서 구매할 수 있다(NT$500).

Tip
로버트 인디애나의 작품 〈LOVE〉가 타이베이101 빌딩 앞에 있다. 지하 1층은 다양한 음식을 맛볼 수 있는 식당가다. 특히 '딘타이펑鼎泰豊'과 〈꽃보다 할배〉에서 나온 철판요리점 '카렌 테판야키'가 있다.

핵심코스 03

샹산 산책로(象山步道)

샹산부다오 | xiàng shān bù dào

타이베이101 빌딩의 아름다운 야경을 보려면 샹산 산책로로 가자. '산책로'라고 표시되어 있지만 가파른 계단길이다. 세상에 공짜는 없다. 처음부터 욕심부리지 말고 중간중간 벤치에서 쉬어가자. 다리가 무거워지고 얼굴에 땀이 흥건하게 흐를 무렵 계단 끝자락에 '샹산'이라는 표지석이 보인다. 가쁜 숨소리와 함께 평야와 같이 펼쳐진 도심에 우뚝 솟은 타이베이101 빌딩의 모습은 강렬하게 기억된다. 해 지기 전에 올라와 아름다운 타이베이 야경을 즐기면 일석이조(물이나 음료수 필수!).

Open: 24시간
Cost: 무료
Tel: 02-2759-3001
Address: 信義區象山步道
Web: www.hiking.taipei

도심에서 찾아가기

지하철 샹산(象山) 역 2번 출구로 나와 산책로 입구까지 도보 이동(15~20분). 다시 입구에서 정상까지 계단을 올라간다(도보 약 20분).

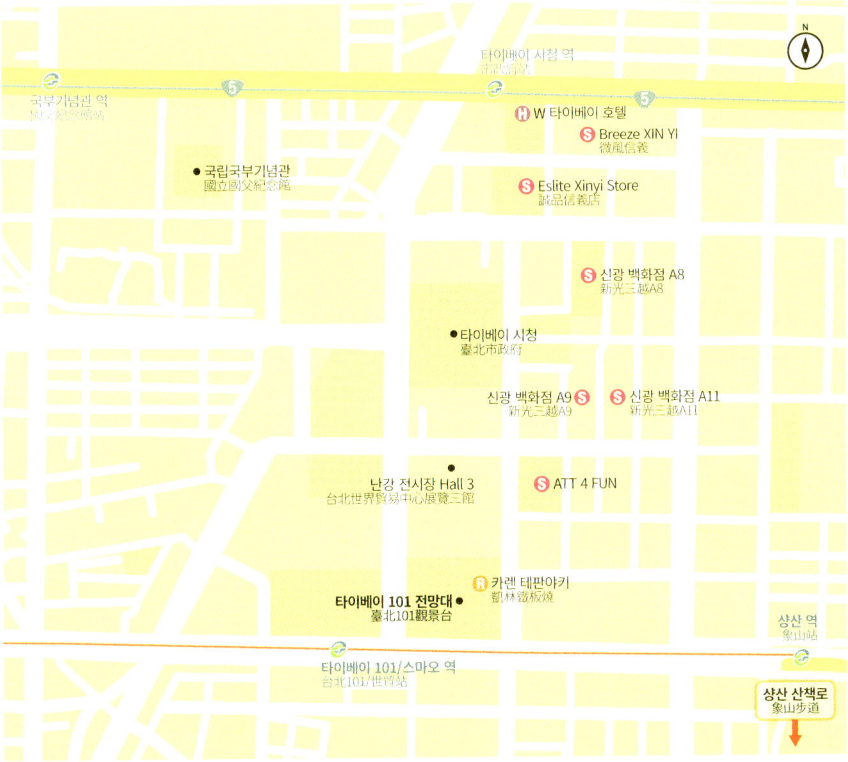

추천코스 01

국립대만사법대학과 연결된 영강가는 아기자기한 카페와 레스토랑, 골동품과 예술품을 판매하는 상점들이 많다. 골목 중간중간에 쉬어갈 수 있는 공원도 있다. 낮에는 시민들의 쉼터로, 밤에는 공연이 열리기도 한다. 예능 프로그램 〈꽃보다 할배〉가 방영된 이후 영강가는 필수 관광명소로 자리 잡았다. 대만의 3대 음식이라 불리는 우육면牛肉麵, 소룡포小龍包, 망고빙수가 모인 곳이다. 각종 과일 음료와 버블티, 펑리수鳳梨酥, 텐진총좌빙天津蔥抓餅 등 영강가의 대표음식들을 맛보자.

영강가(永康街)

융캉제 | yǒng kāng jiē

〈꽃보다 할배〉가 방영된 이후 우육면, 망고빙수, 버블티, 소룡포, 펑리수 등이 대만의 대표 음식으로 바뀌었다. 이 모든 것을 맛볼 수 있는 곳이 바로 영강가다. 특히, 딘타이펑 본점의 소룡포는 필수코스.

📍 타이베이101 빌딩에서 찾아가기

지하철 반난셴板南線을 타고 둥먼東門 역에서 하차(10분/NT$20). 5번 출구 앞에 딘타이펑이 보인다.

Tip 소룡포 맛있게 먹는 법

소룡포는 돼지고기와 육즙이 들어간 만두이다. 간장과 식초를 1:3 비율로 섞은 소스에 찍어 숟가락에 올린 다음, 젓가락으로 만두피를 찢어서 육즙이 나오게 한다. 이때 생강채를 올려 육즙과 함께 먹는다(NT$200/10개).

Spot 1) 딘타이펑 鼎泰豊

딘타이펑은 한국에도 지점이 있는 세계적인 음식점이다. 본점은 항상 사람들로 붐벼서 보통 1시간 정도는 기다려야 한다. 종업원이 번호표를 주면서 예상 대기시간을 알려주고 전광판에서 대기번호 현황을 알 수 있다. 영강가를 둘러보며 시간을 보내도 된다.

Open 월~금요일 10:00~21:00,
      토·일요일 09:00~21:00
Cost NT$210/10개~
Tel   02-2321-8928
Address 大安區信義路二段194號
Web   www.dintaifung.com.tw

Spot 2) 스무시 하우스 思慕昔本館

〈꽃보다 할배〉에서 큰 사랑을 받은 망고빙수. 이젠 대만에 오는 모든 관광객이 한번씩 먹어볼 만큼 대만을 대표하는 음식이 되었다. 스무시는 미국 CNN 방송국에서 세계 10대 디저트 가게로 선정되기도 하였다. 대표메뉴는 아이스 망고(NT$210/1개)다.

Open   10:00~23:00
Cost   NT$160~
Tel   02-2341-8555
Address 大安區信義路永康街15號
Web   www.smoothiehouse.com

Tip
스무시에 사람이 많다면 〈망고황제〉를 추천한다. 얼음 형태는 조금 거칠지만 우리나라 빙수에 더 가깝다. 메뉴 1번(Original Fresh Mango Ice with Milk)을 추천.

Spot 3) 텐진총좌빙 天津蔥抓餅

스무시 건너편 모퉁이에 성기월남면식관誠記越南麵食館이 있다. 사람들이 줄을 서서 호떡 같은 것을 하나씩 들고 맛나게 먹고 있다. 우리나라 부침개과 같은 총여우빙蔥油餅이다. 대만 사람들이 아침식사로 많이 먹는데, 영강가의 텐진총좌빙은 꼭 한 번 맛보도록 하자. 담백하고 쫄깃한 식감으로 자꾸 손이 가는 간식이다.

Open   09:00~22:30
Cost   기본 NT$25/1개,
        계란 들어간 쟈단(加蛋) NT$30/1개
Tel   02-2321-3768
Address 永康街 6-1號

추천코스 02

국립중정기념당 (國立中正紀念堂)
궈리중정지녠탕 | guó lì zhōng zhèng jì niàn táng

대만의 초대총통인 장제스蔣介石을 기념하기 위한 곳이다. 입구에는 자유와 평화를 뜻하는 '자유광장'이 적혀 있다.

🚇 영강가에서 찾아가기
지하철 단수이셴을 타고 중정지녠탕中正紀念堂 역에서 하차(총 1개 역/5분/NT$20). 5번 출구로 나오면 자유광장과 국가희극원國家戲劇院이 보인다.

👁 둘러보기
자유광장에 들어서면 명나라 건축양식을 지닌 국가희극원과 국가음악원이 위풍당당하게 마주하고 있다. 대리석 위에 푸른 기와지붕을 가진 기념당의 2층으로 올라가는 89개의 계단은 장제스 총통이 89세에 서거한 것을 의미한다. 오전 9시부터 매시 정각마다 행하는 근위병 교대식이 볼거리.

Open 실내 09:00~18:00,
야외 05:00~24:00
(근위병 교대식은
09:00~17:00까지 10분간,
근위병 교대식 후 기념촬영 가능)
Cost 무료
Tel 02-2343-1100
Address 中正區中山南路21號
Web www.cksmh.gov.tw

추천코스 02

용산사 (龍山寺)

룽산쓰 | lóng shān sì

타이베이의 크고 작은 수많은 사원 중 가장 크고 오래된 사원이다. 관세음보살을 모시는 불교 사찰이면서도, 도교와 유교 그리고 민간신앙까지 함께 조화를 이루고 있다. 각 건물의 기둥, 벽, 천장에 새겨진 조각이 용산사의 멋스러움을 더해준다.

국립중정기념당에서 찾아가기

지하철 신뎬셴新店線·쑹산셴松山線을 타고 시먼西門 역에서 환승, 반난셴板南線 룽산쓰龍山寺 역에서 하차한다(총 3개 역/10분/NT$20). 1번 출구에서 멍샤공위안艋舺公園을 지난다.

둘러보기

용의 형상을 담은 기둥, 화려한 색상과 조각으로 치장된 사원엔 가볍게 둘러볼 곳이 하나도 없다. 용산사는 삼천전을 끼고 입구와 출구가 구분되어 있다. 정해진 방향이 아닌 곳으로 들어가면 부정이 따른다고 한다. 본당圓通寶殿 앞에는 발 디딜 틈 없이 사람들로 붐비고, 향 내음이 자욱하다.

Tip

간혹 사람들이 바닥에 나뭇조각을 던지며 기도하는 모습을 볼 수 있다. 반달 모양의 붉은색 나무 두 쪽을 꺼내어 간절하게 소원을 빌고 두 개의 나뭇조각을 던진다. 서로 다른 면이 나올 때 소원이 이루어진다고 한다.

Open 06:00~22:00
Cost 무료
Tel 02-2302-5162
Address 萬華區廣州街211號
Web www.lungshan.org.tw

추천코스 04

화산1914 문창원구 (華山1914文創園區)
화산1914웬촹위안취 | huà shān 1914 wén chuàng yuán qū

1914년부터 1987년까지 양조장이 있던 곳을 시민들의 휴식공간으로 개조한 복합문화 창작공원이다. 연극, 음악회, 전시 등을 위한 예술공간과 쇼핑, 카페, 레스토랑, 바 등이 있는 상업공간으로 구분된다.

◉ 용산사에서 찾아가기
반난셴 룽산쓰 역에서 중샤오신성忠孝新生 역에서 하차. 1번 출구에서 도보 5분(총 4개 역/10분/NT$20).

◉ 둘러보기
화산1914 문창원구에는 관람동선이 따로 없다. 전시 및 문화공간, 수공예품점, 예쁜 카페 등 자유롭게 곳곳을 둘러보자. 특히, 오르골 전문매장이 인기가 많다. 오르골 전문매장은 해가 지면 은은한 등불과 함께 음악이 흘러나오는 곳으로 쉬어가기 좋은 예술공간이다.

Open	공원 24시간
Cost	무료
Tel	02-2358-1914
Address	八德路1段1號
Web	www.huashan1914.com

Brand Innovation Center 品牌研創中心 에는 예쁘고 아기자기한 소품과 액세서리 등을 직접 제작하고 판매하는 공방들이 있다. 대북기정臺北寄情 은 타이베이를 형상화한 기념품 전문점이며, Once upon a time 은 수공예 액세서리 전문점이다.

Cama Cafe 에서는 디지털 전문 브랜드 SONY와 원목이 콜라보된 제품을 만날 수 있다. 아날로그 느낌의 원목 인테리어로 꾸며진 매장은 친환경 자연 속의 현대생활을 표현하는 듯하다. 전자기기 및 액세서리 소품을 직접 보고 구매하고 쉬어갈 수 있는 공간으로 조성되어 있다.

초록색 스타벅스 는 원목배경에 하얀색으로 꾸며져 있다. 안으로 들어서면 커피에 대한 정보와 관련한 소품들이 은은한 조명 아래 펼쳐져 있다. 부드러운 커피 향과 함께 잠시 쉬어가기 좋다. 해가 지면 주변에 바와 카페들이 불을 밝히고 또 다른 분위기를 연출하고 있다.

수창생활체험전手創生體驗展 나무간판 위에 나무인형들이 앉아 있다.
오르골 전문매장 'Wooderful Life' 도 있다. 형형색색의 형광빛 조명과 LED 디스플레이를 담은 오르골은 마치 동화 속 한 장면과 같다. 선물용으로 강력추천.

광점화산光點華山 SPOT 은 대만영화의 역사와 작품에 대한 전시공간이다. 단순한 전시공간이 아니라 영화 관람도 가능하다. 전시공간을 걷다보면 어느새 대만영화가 편안하게 다가온다. 반대편 출구에는 이색적인 포토존과 함께 쉼터가 있다.

추천코스 05

사림 야시장 (士林觀光夜市)

스린관광예스 | shì lín guān guāng yè shì

Tip
대만의 전통적인 향과 음식을 좋아하지 않는다면 당황할 수 있다.

Open	일몰 이후
Cost	무료
Tel	02-2882-0340
Address	基河路101號
Web	www.shilin-night-market.com

대만에서 야시장은 시민들의 쉼터이자 생활공간이다. 대만은 맞벌이 부부가 일상적인 생활에서 비롯된 야식문화가 발달되어 있다. 매일 밤 열리는 야시장에는 보세의류, 생활용품, 수공예품, 먹거리가 넘쳐난다. 타이베이에는 사림 야시장, 화시지에華西街觀光 야시장, 라오허지에饒河街觀光 야시장, 공관公館 야시장 등 크고 작은 야시장이 많다. 그중 사림 야시장은 가장 규모가 크다.

도심에서 찾아가기
지하철 단수이셴 젠탄劍潭 역에서 하차, 1번 출구로 나가 직진하면 왼쪽에 시장 입구가 있다.

선택코스 01

충렬사 (忠烈祠)

쫑리에츠 | zhōng liè cí

항일전쟁과 국민당 정부를 위해 장렬하게 전사한 군인들과 열사들의 넋을 기리기 위한 곳이다. 붉은색과 주황색이 어우러진 본당은 중국 베이징 고궁 박물원 '태화전'의 모습을 하고 있다. 긴 회랑에는 순국열사와 군인들의 모습 그리고 그들에 관한 기록이 전시되어 있다.

타이베이101 빌딩에서 찾아가기

지하철 타이베이101/스마오 역에서 단수이셴淡水線을 타고 젠탄 역에 하차한다. 902번 버스를 타고 충렬사 앞에서 하차한다(30분/NT$30). 또는 위안산圓山 역 1번 출구에서 208, 247, 267, 287번 버스를 타고 충렬사에서 하차.

둘러보기

정문과 사당 사이에서 매시 정각마다 30분 동안 진행되는 근위병 교대식이 볼거리다. 절도 있는 근위병들의 모습은 시간이 멈춘 듯한 착각에 빠지게 한다.

Open 09:00~17:00
Close 3월 28일, 9월 2일 (3월 29일, 9월 3일은 오전만 휴관)
Cost 무료
Tel 02-2885-4162
Address 北安路139號
Web afrc.mnd.gov.tw

선택코스 02

단수이 (淡水)
단수이 | dànshuǐ

타이베이 근교에는 천만년 동안 자연이 빚어낸 기암괴석이 있는 예류 지질공원, 좁은 골목길에 붉은 등이 아름다운 지우펀, 소원을 빌며 풍등을 날리는 핑시, 200여 년의 역사를 지닌 온천지 신베이터우^{新北投}, 향기로운 차 재배지 마오쿵, 도자기 굽는 마을 잉거^{鶯歌}, 그리고 영화〈말할 수 없는 비밀〉촬영지 단수이 등이 있다. 지하철로 사림 야시장과 함께 돌아볼 수 있는 동선을 추천한다.

🚩 타이베이101 빌딩에서 찾아가기
지하철 단수이센을 타고 종점까지 이동한다(총 25개 역/70분/NT$55).

🚶 추천코스
단수이 역 1번 출구(70분) → Old Street 쇼핑 → 해안도로 산책 → 진리대학 → 홍마오청 → 단수이 역

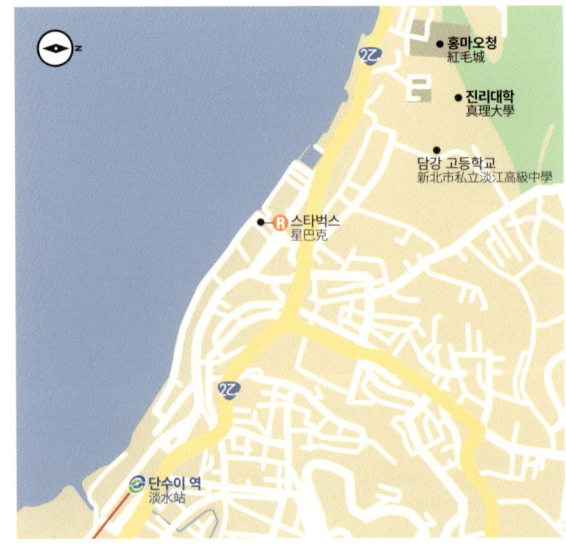

Spot 1 대만의 역사, 홍마오청 紅毛城

16세기에 세운 세인트 도밍고 성이 네덜란드인에게 넘어가면서 붉은 머리색을 뜻하는 '홍마오청'이란 이름으로 바뀌었다. 이후 항구가 개항되면서 약 100여 년간 영사관으로 사용되다가 1980년 대만의 품으로 돌아왔다. 당시 감옥과 영국 영사관으로 사용하던 건물 두 개가 남아 있다.

Open   월~금요일 09:30~17:00,
        토·일요일 09:30~18:00
        (매주 첫째 주 월요일 휴관)
Cost   NT$80
Tel   02-2621-2830
Address 淡水區中正路28巷1號
Web   www.tshs.ntpc.gov.tw

Spot 2 영화 〈말할 수 없는 비밀〉 촬영지, 진리대학

홍마오청과 바로 연결되어 있는 진리대학 真理大學. 단수이가 받는 사랑은 홍마오청을 거쳐 오르막 위에 있는 진리대학의 아담한 캠퍼스로까지 연결되어 있다. 대만 최초의 서양식 캠퍼스다.

Cost   무료
Tel   02-2621-2121
Address 淡水區真理街32號
Web   www.au.edu.tw

PART 6
타이베이의 먹거리

추천 1 소룡포(小龍包) 샤오롱바오 | xiǎo lóng bāo

홍콩과 상하이의 대표 간식거리이다. 소룡포는 상하이 스타일이다. '딘타이펑'이 1993년 『뉴욕 타임즈』에서 '가고 싶은 10대 레스토랑'으로 선정되면서 알려지게 되었다. 부드러운 육즙과 함께 다양한 재료가 들어간 만두는 타이베이 여행의 쉼표다.

추천 2 우육면(牛肉麵) 뉴러우멘 | niú ròu miàn

갈비탕 국물 또는 육개장 국물에 샹차이(고수)와 함께 쫄깃한 면을 넣어 먹는 쇠고기 면이다. 부드러운 쇠고기, 쫀득한 면발, 깊은 국물 맛은 중독성이 강하다. 저렴한 노점부터 고궁의 고급레스토랑까지 타이베이 어디서나 맛볼 수 있다.

추천 3 훠궈(火鍋) 훠궈 | huǒ guō

일본식 샤브샤브와 같다. 매운 고추, 후추, 산초 열매를 우려낸 매운 홍탕과 닭 뼈와 고기 뼈를 우려서 맛을 낸 백탕, 홍탕과 백탕을 함께 맛볼 수 있는 원앙탕鴛鴦湯 등이 있다. 탕국과 육류를 먼저 선택하고 야채와 소스는 뷔페식으로 즐기면 된다.

신예 일본요리점
- Open 11:30~14:00, 17:30~22:00
- Cost NT$680, NT$820
- Tel 02-8780-1366
- Address 松壽路11號5樓
- Access 미쓰코시新光三越 백화점 A11관 5층
- Web www.shinyeh.com.tw

> **Tip 비즈니스 식당**
>
>
>
> **난강 전시장 주변의 먹거리**
>
> 난강 전시장 1층 미스터 브라운 커피Mr. Brown Coffee 맞은편으로 길을 건너면 세무공원世貿公園이 있다. 공원을 지나 있는 난강 소프트웨어 파크Nangang Software Park와 중국신탁금융광장中國 信託金融廣場, CTBC Financial Park A, B, C동에는 세계 각국의 음식점들이 밀집되어 있다.
>
>
>
> **신예 일본요리점(欣葉日本料理)**
>
> 일본요리 뷔페 식당으로 비즈니스 식사 장소로 추천한다.

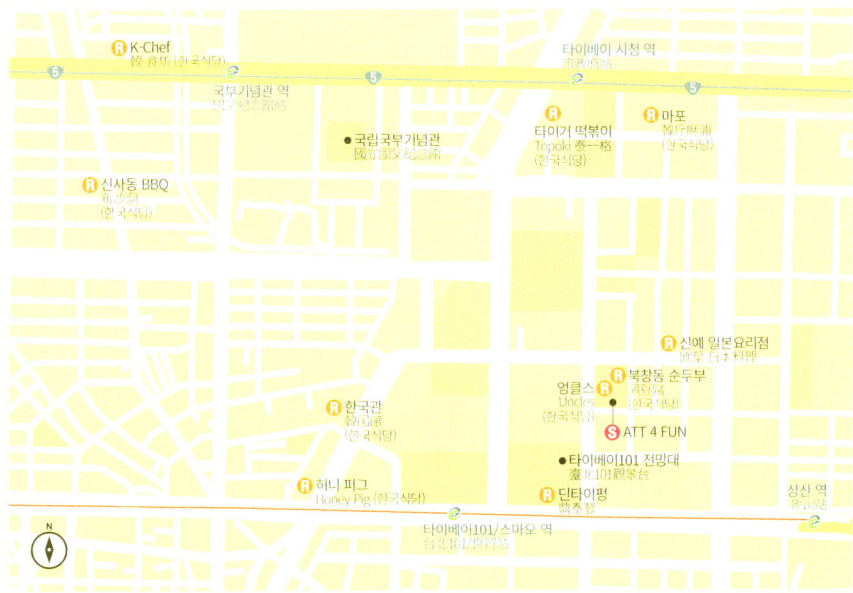

| 추천 4 | **망고빙수(芒果牛奶冰)**
망궈뉴나이빙 | máng guǒ niú nǎi bīng

대만은 디저트 문화가 발달하였다. 아열대와 열대지방의 대표과일이 망고이다. 부드럽고 향긋한 망고를 입에 가득 머금을 수 있는 망고빙수는 대만 여행의 필수 간식거리이다.

| 추천 5 | **철판구이 요리(鐵板燒)** 테반샤오 | tiě bǎn shāo

우리나라에서도 흔히 맛볼 수 있는 철판구이 요리이다. 숙주나물, 양배추와 함께 소고기, 조개류, 랍스터 등 해산물과 함께 즐길 수 있다.

| 추천 6 | **버블티(珍珠奶茶)** 전주나이차 | zhēn zhū nǎi chá

동글동글하고 쫀득한 타피오카 알갱이를 달콤한 밀크티와 함께 맛볼 수 있다. 길거리, 카페, 야시장 등 어디에나 판다. 빨대를 통해 입 안에 쏙 들어오는 타피오카를 즐겨보자.

삼겹살에 소주 한잔을 하고 싶다면?

해외에서는 되도록 현지 음식을 먹어야 하지만 삼겹살과 소주는 짧은 해외출장 중에 항상 머릿속을 맴도는 단어이다. 저녁에 숙소로 돌아가기 전에 한국 음식이 생각난다면 타이베이101 빌딩 근처에 있는 한국음식점을 가보자.

허니 피그
Honey Pig

- Tel 02-2725-5757
- Address 信義路4號415號之3號
- Access 타이베이101 빌딩 앞 사거리

북창동 순두부(涓豆腐)
(타이베이101 世貿店)

- Tel 02-7743-2088
- Address 松壽路12號5樓
- Access 미쓰코시新光三越 백화점 맞은편 ATT 4 FUN 5

돈돈다(咚咚家)
동동쟈 | dōng dōng jiā

- Tel 02-2731-3466
- Address 光復南路280巷29號
- Access 지하철 궈푸지녠관國父紀念館 역 2번 출구에서 도보 5분 거리

한국관(韓国館)
한궈관 | hán guó guǎn

- Tel 02-2723-3302
- Address 第1基隆路信義區6號380弄
- Access 타이베이101 빌딩 앞 길 건너 골목 안

마포(韓斤麻浦)
한진마푸 | hán jīn má pǔ

- Tel 02-2723-6066
- Address 忠孝東路68號4樓
- Access 지하철 타이베이 시청역에서 하차, Breeze 백화점微風信義 4층

신사동 BBQ(新沙洞)
신사동BBQ | xīn shā dòng BBQ

- Tel 02-2741-8758
- Address 光復南路290巷55號
- Access 지하철 궈푸지녠관國父紀念館 역 2번 출구에서 도보 10분 거리

Special Part

타이베이 야경 즐기기

1. 타이베이101 빌딩 전망대와 샹산 공원

저녁식사 이후 편안하게 타이베이 야경을 보고 싶다면 타이베이101 빌딩 전망대를 추천한다. 만일 타이베이를 배경으로 멋진 인증샷을 남기고 싶다면 샹산 공원으로 향하자. 일몰 시간보다 30분 전에 정상에 올라야 한다. 산책로 입구에서 약 20~30분 정도 올라가야 하는 가파른 언덕이다. 단, 맑은 날씨와 편안한 복장은 필수.

2. 도심 속의 도시, 신의信義 지구

멋진 야경보다 화려한 도시를 거닐고 싶다면 신의 지구로 가자. 타이베이101 빌딩에서 시청역과 국부기념관역을 잇는 블록이다. 신의 지구는 5성급의 호텔과 백화점과 쇼핑몰이 화려한 네온사인으로 길을 잇고 있다. 출장기간 중 매일 다른 거리를 거닐며 구경도 하고, 쇼핑도 하고, 맛있는 식사와 시원한 맥주 한잔까지 곁들일 수 있는 곳이다.

3. 시먼딩西門町과 화산1914 문창원구

타이베이 시가지의 야경은 어떨까? 현대식으로 화려한 야경보다 현지인들이 즐겨 찾는 곳은 어디일까? 대표적인 곳으로 시먼딩과 화산1914 문창원구를 추천한다. 시먼딩은 패션의 거리이지만 근대문화 역사를 품고 있는 곳이다. 화산1914 문창원구는 과거 산업현장을 예술인들이 삶의 터전으로 바꾸면서 아기자기한 공방과 전시장, 쉼터가 있는 곳이다. 시먼딩이 활기를 지닌 곳이라면 화산1914 문창원구는 아늑하고 편안한 곳이다.

4. 단수이 노을과 사림 야시장

섬나라 대만의 노을은 어떨까? 타이베이에서 지하철로 한 시간 거리에 있는 단수이를 추천한다. 과거 항구로서의 모습을 유지하고 있지만 여전히 아름다운 노을을 볼 수 있는 곳이기도 하다. 단수이에서 돌아오는 길에 사림 야시장을 함께 돌아보면 좋다. 야시장의 매력을 느끼려면 해가 지고 어두워져야 한다. 단수이에서 노을을 보고 출발하면 야시장을 즐길 수 있다. 야시장은 현지 음식을 즐기기 위해 찾는 곳이다.

PART 7
쇼핑 거리

출장 중 가장 어려운 일의 하나가 쇼핑이다. 심지어 쇼핑할 시간도 없는 경우도 있다. 면세점 쇼핑을 하려면 국내 공항 출국장 면세점을 이용하자.

Tip 세금환급 Tax Refund 받기

타이베이에서 쇼핑을 하면 영업세 5%를 낸다. 세금환급을 지원하는 백화점 등 쇼핑몰에서 물건을 구입하면 세금환급을 받을 수 있다. 1일 NT$3,000 이상 쇼핑을 한다면 영수증을 가지고 환급명세신청서 발급을 요청할 수 있다. 환급명세신청서를 공항 세관서비스센터에 가져가서 여권, 영수증을 제출하면 환급받을 수 있다.

타이베이101 쇼핑센터

타이베이101 빌딩 지하 1층부터 지상 5층은 가장 많은 관광객이 찾는 쇼핑몰이다. 해외 유명 브랜드와 명품 스토어가 입점해 있다. 지하 1층에는 대만에서 가장 넓은 푸드코트 '그랜드 마켓 Grand Market'이 있다. 지하 1층에서 펑리수 등 약간의 기념품을 살 수 있다.

Open 11:00~21:30
Tel 02-8101-7777
Address 信義路5段7號
Access 지하철 신이셴新義線에서 하차, 4번 출구로 연결

신의

한큐, 미쓰코시 백화점, 청핀슈덴, W호텔, 영화관 등 쇼핑몰이 모여 있는 번화가. 건물과 건물을 이어놓은 구름다리가 거대한 쇼핑 단지를 형성하고 있다. 한큐 백화점부터 미쓰코시 백화점, ATT 4 FUN, 뉴욕뉴욕을 지나 타이베이101 빌딩까지 연결되어 있다.

Open 11:00~21:30
Address 忠孝東路5段8號
Access 지하철 스정푸市政府 역에서 하차, 2번과 3번 출구와 연결

DFS 갤러리아 면세점

호텔 리젠트 타이베이台北晶華酒店 그리고 주변 거리에는 유명한 명품점이 모여 있다. 호텔 지하 2층에는 DFS 갤러리아 면세점이 있다. 의류, 가죽제품, 시계, 향수 등을 취급하는 다양한 브랜드가 입점해 있다. 또한 대만 지역특산품, 타이베이 기념품과 액세서리, 선물용품들이 공항 면세점보다 많은 제품을 면세가격으로 판매되고 있다. 공항 면세점에서 쇼핑할 시간이 부족하다면 갤러리아 면세점을 이용하자.

Open 10:00~21:00
Tel 02-2562-7800
Address 中山北路2段39號
Access 지하철 중산中山 역에서 하차. 3번 출구에서 직진. 왼쪽에 있던 그랜드 포르모사 리젠트 Grand Formosa Regent 호텔 지하에 면세점이 있다 (도보 10분).

성품서점 본점

우리나라 교보문고 광화문 본점과 같이 서적, 문구, 팬시용품, 최신 IT제품 그리고 액세서리, 음반 등을 판매하고 있다. 24시간 운영되는 서점이다. 간단한 기념품을 살 수 있다. 만일, 오르골을 찾는다면 스정푸 역 앞에 있는 성품서점 신의점으로 가자.

Open 서점 24시간
상점 11:00~22:30
음반 11:00~24:00
Tel 02-2775-5977
Address 敦化南路1段245號
Access 지하철 중샤오둔화忠孝敦化 역에 하차, 5번 출구에서 도보 5분 거리

영강가

영강가는 다양한 먹거리 이외에도 중국식 잡화가 있는 원융방圓融坊, 전통의상을 취급하는 수화방繡花房, 중국 전통의 차와 다기를 판매하는 천인명차天仁名茶, 중국식 과자와 말린 과일, 육포와 건어물 등을 판매하는 신동양新東洋 등이 밀집된 거리이다.

Access 지하철 둥먼東門 역에서 하차, 5번 출구와 연결

홍콩의 매력은 무엇일까? 쇼핑 천국? 먹거리 천국? 아름다운 야경? 어느 하나 틀리지 않는다.
19세기 초 아편전쟁 이후로 영국령이었던 홍콩이 중국에 반환되고 20년이 지났다.
홍콩은 자의보다 타의에 의해 과거와 미래를 살아간다.
삶의 밑자락에서부터 올라오는 생존본능이 지금의 홍콩을 만들고 있다.
과거의 모습을 그리워하는 구룡 반도, 새로운 삶을 살아가려는 홍콩 섬.
그 속에서 홍콩은 끊임없이 변화하고 있다.
서구문화와 중국문화가 융합되어 홍콩만의 문화가 생겨난다. 홍콩의 매력은 공존이다.

Hong Kong

꼭 해봐야 할 리스트

침사추이 스타 페리 선착장에서 시원한 캔맥주와 함께 홍콩 야경을 즐기자. 붉은 돛단배를 타고 빅토리아 하버의 야경을 즐길 수도 있다. 피크 트램을 타고 빅토리아 피크에 올라 구룡 반도의 매력에 빠져보자. 미드 레벨 엘리베이터를 타면 소호, 란콰이 퐁과 함께 홍콩의 숨은 모습을 찾아볼 수 있다. 좁은 빌딩 숲속 사이를 요리조리 돌아다니는 트램을 타 보면 홍콩의 숨겨진 매력을 느낄 수 있다.

비즈니스 팁

홍콩은 자유무역지대다. 생산자원이 없으므로 무역업으로 경제를 일궈온 홍콩이다. 실속 없는 장사는 애초에 하지 않는다. 하지만 앞뒤 계산이 철저한 상하이 사람들보다 홍콩 사람들에게는 낭만이 있다. 중국의 넉넉함과 영국의 치밀함을 바탕으로 홍콩만의 비즈니스 방식이 만들어졌다. 영국식 교육체계 속에서 합리적이고 논리적인 업무능력이 바탕에 깔려 있다. 홍콩에서 비즈니스를 하려면 차茶 문화를 잘 활용하는 것도 좋다.

PART 1
출장 준비하기

1 항공편 예약하기

첵랍콕 국제공항香港國際空港, Chek Lap Kok은 란타우大嶼 섬에 있다. 인천국제공항부터 첵랍콕 국제공항까지의 비행시간은 약 3시간 20분 정도다. 첵랍콕 국제공항은 제1, 2터미널 그리고 스카이 피어Sky Pier가 있다. 스카이 피어는 마카오 섬이나 중국 본토로 이동하는 페리 터미널이다.

Web www.hongkongairport.com

제1터미널
국적기를 포함한 대형 항공사는 제1터미널을 이용한다. 제1터미널은 국제전시회나 박람회, 콘서트 등이 열리는 아시아 월드 엑스포Asia World Expo와 가깝다. 대한항공, 아시아나항공, 캐세이퍼시픽, 드래곤에어, 에어인디아 등의 항공사가 제1터미널을 이용한다.

제2터미널
저가항공사 또는 가까운 구간을 운항하는 비행기들이 주로 이용한다. 비행기 역사관에서는 첵랍콕 국제공항과 비행기의 역사와 원리 등을 전시해놓았다. 스카이 데크에서는 홍콩 시내와 마카오를 볼 수 있다. 제주항공, 타이항공, 이스타젯, 진에어, 홍콩익스프레스 등이 이용한다.

> **Tip**
> **출국 시 유용한 얼리 체크인**
>
> 얼리 체크인은 도심에서 공항까지 공항고속철도AEL, Airport Express Line를 이용하는 승객의 편의를 위해 미리 체크인을 하는 시스템이다. 홍콩 역과 구룡 역에서 체크인이 가능하고 AEL 티켓을 반드시 소지하고 있어야 한다. 비행 출발 24시간 전부터 90분 전까지 가능하다. 체크인 후에는 보딩 패스를 분실하면 안 된다(이용시간 05:30~24:30).

2 비즈니스 호텔 예약하기

홍콩은 작은 섬나라다. 주요 쇼핑몰과 관광명소는 특정지역에 밀집되어 있다. 비즈니스 호텔은 홍콩 섬 센트럴中環과 완차이灣仔, 그리고 구룡九龍 반도의 침사추이尖沙咀에 모여 있다. 홍콩 컨벤션 전시 센터香港會議展覽中心는 완차이 페리 터미널, 지하철역과 연결되어 있다. 전시장을 고려한다면 완차이 역, 센트럴 역 부근에 호텔을 예약하는 것이 좋지만 숙박비가 비싸다. 구룡 반도의 침사추이 역이나 조던佐敦 역 주변에 머무는 것도 좋다. 저렴한 홍콩의 대중교통을 이용하면 어느 곳으로나 쉽게 이동할 수 있기 때문이다.

침사추이尖沙咀 주변

구룡 반도의 관광명소 침사추이는 홍콩의 원도심이다. 침사추이 지하철역과 캔톤 로드에는 수많은 호텔들이 있다. 작고 허름한 게스트하우스부터 5성급 특급호텔까지 있다. 많은 관광객들이 침사추이에 머물기 때문이다. 침사추이는 박물관, 미술관, 쇼핑몰과 함께 야경명소로 유명하다. 또한, 스타 페리 선착장에서 완차이 홍콩 컨퍼런스 센터로 이동도 쉽다. 예산에 맞는 호텔을 선정하면 된다. 가능한 침사추이 지하철역 출구와 인접한 곳을 택하자.

센트럴中環과 완차이灣仔 주변

홍콩 섬에는 성완上環을 포함하여 여러 관광명소 지역이 있다. 이 중에서 홍콩 국제 컨퍼런스 센터와 가까운 완차이 역 주변의 호텔을 추천한다. 홍콩 섬에는 대부분 4성급 이상의 호텔들이 있다. 임원 또는 고객을 수행해야 한다면 빅토리아 하버의 전경을 즐길 수 있는 호텔을 선택하자. 호텔에서 셔틀버스 또는 트램을 이용하여 이동하기 쉬운 곳을 추천한다. 홍콩 섬 중심의 호텔이 아니어도 코즈웨이 베이, 포트리스 힐 주변 지역의 호텔을 선택해도 좋다.

추천 호텔 리스트

홍콩은 다른 비즈니스 출장지 중에서 가장 호텔이 비싼 곳이다. 대부분의 비즈니스 호텔이 5성급이며, 빅토리아 하버 전경이 보이는 호텔은 같은 5성급 호텔보다 숙박비가 높다. 반면 호텔의 편의성, 주변 쇼핑몰과 관광지의 연계성 등은 여느 지역보다 뛰어나다. 비즈니스를 위해서 홍콩 섬에 있는 호텔을 예약하자. 경제성을 고려한다면 침사추이 지역을 추천한다.

아시아 월드 엑스포 전시장, 홍콩 섬 주변

르네상스 홍콩 하버 뷰 호텔
香港萬麗海景酒店
Renaissance Harbour View Hong Kong (5성급)
Tel 2802-8888
Address 湾仔港湾道1号 香港会议展览中心
Access 지하철 완차이(湾仔) 역 A1출구에서 도보 10분 또는 완차이 페리 터미널에서 도보 5분

그랜드 하얏트 홍콩
香港君悅酒店
Grand Hyatt Hong Kong (5성급)
Tel 2588-1234
Address 湾仔港湾道1号
Access 지하철 완차이(湾仔) 역 A1출구에서 도보 10분 또는 완차이 페리 터미널에서 도보 5분

노보텔 센추리 호텔
香港諾富特世紀酒店
Novotel Hong Kong Century (4성급)
Tel 2598-8888
Address 湾仔谢斐道238号
Access 지하철 완차이(湾仔) 역 A1출구에서 도보 5분 또는 완차이 페리 터미널에서 도보 10분

아이클럽 완차이 호텔
富薈灣仔酒店
iclub Wan Chai Hotel (4성급)
Tel 3669-8668
Address 湾仔庄士敦道211号
Access 지하철 완차이(湾仔) 역 A5출구에서 도보 5분

엠파이어 호텔 홍콩
港岛皇悦酒店 | Empire Hotel Hong Kong Wan Chai (4성급)
Tel 3692-2111
Address 湾仔轩尼诗道33号
Access 지하철 완차이(湾仔) 역 C출구에서 도보 5분

벌링턴 호텔
百利酒店 | Burlington Hotel (4성급)
Tel 3700-1000
Address 湾仔轩尼诗道55号
Access 지하철 완차이(湾仔) 역 C출구에서 도보 5분

와니 광동 홍콩
香港華美粤海酒店
Wharney Guang Dong Hotel Hong Kong (4성급)
Tel 2861-1000
Address 湾仔区骆克道57-73号
Access 지하철 완차이(湾仔) 역 C출구에서 도보 5분

JW 메리어트 호텔 홍콩
香港JW萬豪酒店
JW Marriott Hotel Hong Kong (5성급)
Tel 2810-8366
Address 金钟道号太古广场1座
Access 지하철 진중(金钟)역 C1출구에서 도보 5분

콘래드 홍콩
香港港麗酒店
Conrad Hong Kong (5성급)
Tel 2822-8890
Address 金钟金钟道88号太古广场1座
Access 지하철 진중(金钟) 역 C1출구에서 도보 5분

더 엑셀시어 홍콩
香港怡東酒店
The Excelsior Hong Kong (4성급)
Tel 2894-8888
Address 铜锣湾告士打道281号
Access 지하철 코즈웨이 베이(铜锣湾) 역 D1출구에서 도보 3분

리걸 홍콩 호텔
富豪香港酒店
Regal Hongkong Hotel (5성급)
Tel 2890-6633
Address 铜锣湾怡和街88号
Access 지하철 코즈웨이 베이(铜锣湾) 역 F1출구에서 도보 3분

파크 레인 홍콩, 풀만 호텔
柏寧酒店
The Park Lane Hong Kong, A Pullman (5성급)
Tel 2839-3327

Address 铜锣湾告士打道310号柏宁酒店27楼
Access 지하철 코즈웨이 베이(에버리) 역 E출구에서 도보 3분

하버 그랜드 호텔 홍콩
港島海逸君綽酒店
Harbour Grand Hong Kong (5성급)
Tel 2121-2688
Address 东区北角油街二十三号
Access 지하철 포트레스 힐(버리) 역 A출구에서 도보 5분

아이클럽 포트레스 힐 호텔
富薈炮台山酒店
iclub Fortress Hill Hotel (4성급)
Tel 3963-6300
Address 北角麥連街18號
Access 지하철 포트리스 힐(버리) 역 A출구에서 도보 5분

만다린 오리엔탈 홍콩
香港文華東方酒店
Mandarin Oriental Hong Kong (5성급)
Tel 2522-0111
Address 中環干諾道中5号
Access 지하철 센트럴(버리) 역과 연결

침사추이 주변

인터콘티넨털 호텔
香港洲際酒店
InterContinental Hong Kong (5성급)
Tel 2721-1211
Address 尖沙咀梳士巴利道18号
Access 지하철 이스트 침사추이(버리) 역 J출구와 연결

더 페닌슐라 홍콩
香港半島酒店
The Peninsula Hong Kong (5성급)

Tel 2920-2888
Address 尖沙咀弥敦道1-17号
Access 지하철 침사추이(버리)역 E출구 또는 이스트 침사추이(버리)역 L3출구에서 도보 3분

더 솔즈베리 YMCA 오브 홍콩
港青酒店 香港基督教青年會
The Salisbury YMCA of Hong Kong (4성급)
Tel 2268-7000
Address 尖沙咀梳士巴利道41号
Access 지하철 침사추이(버리)역 E출구 또는 이스트 침사추이(버리) 역 L3출구에서 도보 3분

홍콩 구룡 호텔
香港九龍酒店 The Kowloon Hotel (4성급)
Tel 2929-2888
Address 油尖旺尖沙嘴彌敦道19-21號
Access 지하철 침사추이(버리) 역 E출구 또는 이스트 침사추이(버리) 역 L3출구와 연결

하얏트 리젠시 홍콩
香港尖沙咀凱悅酒店
Hyatt Regency Hong Kong Tsim Sha Tsui (5성급)
Tel 2311-1234
Address 九龙尖沙咀中间道5号
Access 지하철 이스트 침사추이(버리) 역 K출구 또는 D출구에서 도보 10분

홀리데이 인 골든 마일
香港金域假日酒店
Holiday Inn Golden Mile Hong Kong (4성급)
Tel 2369-3111
Address 尖沙咀弥敦道50号
Access 지하철 침사추이(버리) 역 C출구에서 도보 5분

3 비즈니스 여행 사전 확인사항

❶ 비자 필요여부 확인
홍콩으로 입국할 때 비자는 필요 없다. 90일은 무비자로 입국 가능하며, 그 이상 체류할 목적이라면 중국 대사관에서 비자를 발급받아야 한다. 체류 중 연장이 필요할 경우 마카오를 갔다가 홍콩에 재입국하면 다시 90일간 무비자 체류가 가능하다.

❷ 현금은 얼마나 환전해야 하나?
환차손실을 줄이기 위해 필요한 만큼 환전하자. 식대와 교통비를 기준으로 하면 하루 지출을 최소 HK$500 정도로 잡으면 된다.

❸ 화폐와 환율
HK$1는 약 145원이다(2017년 9월 기준). 홍콩에서는 은행이나 호텔, 거리에서 쉽게 환전할 수 있다. 은색의 HK$1, HK$2, HK$5짜리 주화와 HK$10, HK$20, HK$100, HK$500, HK$1,000짜리 지폐가 있다.

❹ 신용카드
국내 신용카드는 홍콩에서 사용할 수 없는 곳이 많다. 대부분의 대형 쇼핑몰 또는 음식점에서는 신용카드를 사용할 수 있지만 소규모 또는 노천시장에서는 현금만 취급한다. 노천시장은 홍콩 곳곳에서 찾아볼 수 있으므로, 쇼핑할 때는 홍콩 달러와 신용카드를 모두 갖고 가는 것이 좋다.

❺ 날씨
홍콩은 더운 나라다. 여행하기 가장 좋은 시기는 9월 중순~2월 말이다. 전시 및 각종 행사가 많은 3~5월은 우기가 시작되고, 6~9월은 습하고 무덥다. 10, 11월은 맑고 화창한 초여름 날씨다. 밤에는 선선해서 산책하기 좋고 낮에는 해수욕을 즐겨도 될 정도다. 쇼핑의 계절인 12~2월까지의 홍콩 겨울 평균 기온은 15℃다.

❻ 시차
시차는 우리나라보다 1시간 늦다.

> **Tip**
> 마카오 섬에서 홍콩 달러를 사용할 수 있지만, 마카오 달러(MOP)는 홍콩에서 사용할 수 없다. 마카오 달러는 환차손실이 크니 필요한 만큼만 환전하자.

Hong Kong   101

전원
홍콩의 표준 전기 전압은 220볼트, 50Hz이다. 전기 콘센트는 영국 스타일의 3구 플러그 형태다. 어댑터는 편의점에서 구매할 수 있다(호텔 프런트에서 무료 대여 가능).

국제전화 로밍과 전압
스마트폰의 경우 별도의 신청이나 설정 없이 자동으로 해외로밍이 가능하다. 만일 여행 중에 한국과 통화할 일이 많거나 비용이 부담스럽다면 편의점에서 국제전화 선불카드(IP CARD, HK$50~) 또는 공중전화(분당 HK$10)가 편리하다.

언어
홍콩은 중국어와 영어를 함께 사용한다. 중국어는 광둥어를 사용한다. 표지판과 대중교통의 안내방송, 식당 메뉴도 영어가 함께 표기되어 있다. 대부분의 택시 운전사나 관광 안내소, 경찰 등도 영어로 소통 가능하다. 하지만 도심을 벗어나면 영어 소통이 어려워진다.

치안
홍콩의 치안은 세계적으로도 안전한 편이다. 침사추이와 몽콕, 센트럴과 같이 인파가 많은 곳에서는 각별히 유의하자. 여권은 본인이 보관하고, 만일을 대비해 여권사진 1장과 여권 앞면 복사본을 준비하자. 홍콩은 거리에서 쓰레기를 버리거나 흡연을 하면 엄중한 벌금(HK$1,500~5,000)을 부과한다.

Tip
홍콩에서의 주요 결제수단인 옥토퍼스 카드도 구매하는 것이 좋다. 출국 전에 소지하고 있는 신용카드가 해외에서 사용 가능한지 미리 확인하자.

Tip
출장기간 중 전화를 많이 사용할 경우가 아니라면 홍콩 심 카드(SIM Card)를 활용하자. 공항 1층에 노란색 간판의 1010매장이나 편의점을 이용하자. 출장기간에 맞는 용량을 구매해서 사용하는 것이 편리하다(인터넷, 시내전화 무료). 심 카드를 사용하면 국내전화는 수신이 안 된다.

PART 2
홍콩 도심 들어가기

홍콩의 국제공항은 하나뿐이다. 홍콩은 빅토리아 하버를 사이에 두고 구룡 반도와 홍콩 섬으로 나뉜다. 공항에서 도심으로 들어가는 방법은 공항고속철도(AEL)나 리무진 버스가 있다. 공항고속철도를 이용하여 구룡 역 또는 홍콩 역까지 이동해서 무료 셔틀버스를 타는 것을 추천한다. 침사추이로 가려면 구룡 역에서 내려 지하철 또는 버스를 이용하면 된다.

추천1. 공항고속철도(AEL, Airport Express Line) 이용하기

공항고속철도는 공항에서 구룡 역을 경유하며 홍콩 역까지 이동할 수 있는 가장 빠른 교통수단이다. 홍콩 역까지는 25분 정도 소요되며, 지하철과 셔틀버스로 쉽게 이동할 수 있다. 현금, 신용카드와 옥토퍼스 카드로도 티켓을 구매할 수 있다.

> 첵랍콕 국제공항 - 홍콩 역 HK$115/1인 (옥토퍼스 카드 이용 시 HK$110)
> 첵랍콕 국제공항 - 구룡 역 HK$105/1인 (옥토퍼스 카드 이용 시 HK$100)

Tip
2인 이상 20%, 4인 이상은 40% 가까이 할인된 요금으로 티켓 구매가 가능하다. 홍콩 역 기준 2인 HK$170(1인당 HK$85), 3인 HK$230(1인당 HK$76.7), 4인 HK$280(1인당 HK$70)

공항고속철도(AEL) 무료 셔틀버스 이용하기

공항고속철도 승객에 한해 호텔까지 무료 셔틀버스를 이용할 수 있다. 홍콩 역에서는 4개 노선(H1~4번, 20분 간격), 구룡 역에서는 5개 노선(K1~5번, 15분 간격)의 셔틀버스가 운행된다. 노선도에 목적지가 표기되어 있지 않은 경우, 매표소나 정류장에서 문의하자. AEL 티켓은 항상 소지하고 있어야 한다.

공항고속철도 무료 셔틀버스 노선

홍콩 역 방향 (운행시간 06:12~23:12)

H1 To Wan Chai & Admiralty(20분 간격)
홍콩 컨벤션 전시 센터 → 르네상스 하버 뷰 호텔 → 그랜드 하얏트 홍콩 → 노보텔 센추리 홍콩 → 퍼시픽 플레이스 → JW 메리어트 호텔 → 와니 광둥 호텔 → 엠파이어 호텔

H2 To Weatern District(20분 간격)
홀리데이 인 익스프레스 홍콩 소호 → 아이클럽 성완 호텔 → 이비스 홍콩 센트럴 앤 성완 → 베스트 웨스턴 하버 뷰 → 코트야드 바이 메리어트 홍콩/베스트 웨스틴 플러스 호텔 → 아이랜드 패시픽 호텔

H3 To Causeway Bay(20분 간격)
엠파이어 호텔 홍콩/코즈웨이 베이 → 메트로 파크 호텔 → 로즈데일 호텔 → 파크라인 홍콩 풀맨 호텔 → 더 엑셀시어 홍콩 호텔

H4 To Gortress Hill & Islan East(20분 간격)
아이클럽 포트레스 힐 호텔 → 하버 뷰 그랜드 홍콩 → 시티 그랜드 호텔 → 이비스 노스 포인트 호텔 → 하버플라자 노스 포인트

구룡 역 방향 (운행시간 06:15~23:00)

K1 To Hung Hum & Jordan(15분 간격)
조던 역 → 홍함紅磡 역 → 하버 플라자 메트로폴리스 → 하버 그랜드 구룡 → 이튼 홍콩 → 오스틴 역

K2 To Tsim Sha Tsui Canton Road(15분 간격)
프린스 → 마르코 폴로 호텔 → 구룡 호텔/페닌슐라 호텔 → 차이나 페리 터미널

K3 To Tsim Sha Tsui Mody Road(15분 간격)
홀리데이 인 골든 마일 홍콩 → 하얏트 리젠시 홍콩 침사추이 → 리갈 구룡 호텔 → 뉴월드 밀레니엄 호텔 → 구룡 샹그릴라 호텔

K4 To Tsim Sha Tsui Kimberley Road(15분 간격)
이스트 침사추이 역/쉐라톤 호텔 → 파크 호텔 → 엠파이어 호텔 구룡 → BO 인터내셔널

K5 To Mong Kok & Tai Kok Tsui(운행시간 06:12~23:12, 20분 간격)
메트로파크 호텔 구룡 → 로얄 플라자 호텔 → 메트로파크 호텔 몽콕 → 도르셋 몽콕 홍콩

추천 2 **공항버스 이용하기**

입국수속을 마친 후 공항 로비의 'To City 또는 Bus' 안내표시를 따라 내려가면 매표소에서 티켓을 구매할 수 있다(옥토퍼스 카드 사용가능). 공항에서 시내까지는 50분 정도 소요된다. 공항버스는 24시간 운행되고 주간에는 'A' 심야에는 'N', 외곽버스는 'E'가 번호 앞에 붙는다. 침사추이로 가려면 A21번을, 센트럴이나 완차이로 가려면 A11번을 이용한다(요금 HK$20~45).

공항버스 노선

홍콩 섬 방향

A11번(운행시간 06:10~00:30, 20~30분 간격)
구룡 역 → 성완 → 센트럴 → 애드미럴티 → 완차이 → 코즈웨이 베이 → 포트리스 힐

N11번(운행시간 05:20~24:00, 15분 간격)
구룡 역 → 성완 → 센트럴 → 애드미럴티 → 완차이 → 코즈웨이 베이 → 틴하우天后 역

구룡 반도 방향

A21번(운행시간 06:00~24:00, 15분 간격)
몽콕旺角 역 → 레이디스 마켓Ladies market → 침사추이 경찰서 → 킴벌리 로드 → 침사추이 역 → 홍콩 과학관 → 홍함 역

N21번(운행시간 00:20~04:40, 20분 간격)
삼수이포深水埗 역 → 이스트 몽콕旺角東 역 → 몽콕 역 → 조던역 → 킴벌리 로드 → 침사추이 역 → 스타 페리 선착장

PART 3

국제전시장 찾아가는 길

홍콩에는 두 개의 국제전시장이 있다. 홍콩 섬에 있는 홍콩 컨벤션 전시 센터와 첵랍콕 국제공항 근처에 있는 아시아 월드 엑스포 전시장이다. 대부분의 비즈니스 전시는 홍콩 컨벤션 전시 센터에서 이루어진다. 특히, 홍콩 컨벤션 전시 센터는 해마다 45건 이상의 전시가 이루어지고 있다.

1 홍콩 컨벤션 전시 센터 찾아가기

찾아가기 1   첵랍콕 국제공항 → 홍콩 컨벤션 전시 센터

공항고속철도(AEL)를 타고 홍콩 역에서 하차, 센트럴 역에서 완차이 역까지 지하철로 이동한다. 완차이 역 A5출구 공중회랑을 따라 10분 정도 걸으면 완차이 페리 터미널 옆에 위치해 있다(약 80~90분 소요).

찾아가기 2   침사추이 → 홍콩 컨벤션 전시 센터

스타 페리 선착장에서 페리를 이용하여 완차이 페리 선착장으로 이동한다. 완차이 역 방향으로 걷다가 홍콩 컨벤션 전시 센터 쪽으로 간다(약 30~40분 소요).

2 아시아 월드 엑스포 전시장 찾아가기

찾아가기 1   첵랍콕 국제공항 → 아시아 월드 엑스포 전시장

첵랍콕 국제공항 제1터미널에서 셔틀버스를 타고 아시아 월드 엑스포 전시장 정류장에서 하차 후 도보로 이동한다(3정류장/5분).

찾아가기 2   구룡 역 → 아시아 월드 엑스포 전시장

구룡 역에서 공항고속철도(AEL)를 타고 공항으로 이동한다. 첵랍콕 국제공항 제1터미널에서 셔틀버스를 타고 아시아 월드 엑스포 전시장 정류장에서 하차 후 도보로 이동한다(약 50~60분 소요).

홍콩 여행 필수품,
옥토퍼스 카드 Octopus Card 구매하기

공항에서 도심으로 들어가기 전에 가장 먼저 해야 할 일은 옥토퍼스 카드를 구매하는 것이다. 홍콩 여행의 필수품으로 대부분의 대중교통, 음식점, 편의점, 박물관 등에서 사용할 수 있다. 잊지 말자. 선택사항이 아니라 필수사항이다.

첵랍콕 국제공항 제1터미널의 경우, 입국장 A와 B 가운데에 있는 공항고속철도(AEL) 창구에서 현금으로만 구입할 수 있다. 가격은 보증금 HK$50을 포함한 HK$150이다. 최대 HK$1,000까지 충전 가능하다. 홍콩의 버스나 트램에서는 현금을 내면 거스름돈을 주지 않는다. 홍콩 여행을 마치고 가까운 지하철역이나 공항에서 수수료(HK$9)를 제외한 잔액과 보증금을 환불받을 수 있다.

카드에 얼마를 충전해야 할까

3박 4일 일정을 기준으로, HK$500 정도 충전하는 것이 좋다. 처음 구매했을 때, 공항고속철도(AEL) 편도요금 HK$90와 보증금 HK$50를 제외하면 실제 사용할 수 있는 금액은 HK$10뿐이다. 페리, 트램, 전철, 편의점 등에서 충전하여 사용할 수 있다.

카드 충전하기

지하철역의 충전소에서 충전하거나 서비스 센터나 편의점에서도 충전이 가능하다.

1. 충전기 왼편 상단에 옥토퍼스 카드를 넣으면 잔액이 화면에 표시된다.
2. 투입구에 충전할 현금을 넣는다(HK$50, HK$100 지폐만 사용 가능).
3. 금액을 확인한 후 화면 옆 화살표 확인 버튼을 누르면 충전완료.

카드 잔액 조회하기

옥토퍼스 카드 잔액확인 리더기에 카드를 대면 최근 10번의 사용기록과 함께 잔액을 조회할 수 있다. 카드 잔액확인 리더기는 대부분의 매표소 또는 지하철 자동발매기 옆에 있다.

선택1 공항고속철도 트래블 패스 Octopus Airport Express Travel Pass

정액제 카드로 공항고속철도(AEL)와 지하철에서 모두 이용할 수 있다. 'HK$300 패스'는 공항고속철도(AEL) 왕복과 3일 동안 지하철을 무제한으로 이용할 수 있다. 'HK$220 패스'는 공항고속철도(AEL) 편도와 3일 동안 지하철을 무제한으로 이용할 수 있다. 단, 구입하고 180일 이내에 사용해야 한다.

선택2 데이 패스 Octopus Tourist Day Pass

티켓 사용 개시부터 24시간 동안 이용할 수 있는 데이 패스 Day Pass로, 하루 동안 지하철을 무제한으로 이용할 수 있다(HK$55). 지하철역에서 구입이 가능하다. 단, 공항고속철도(AEL), MTR 버스 그리고 로우羅湖와 록마차우落馬洲행 이스트 레일 노선은 제외(유효기간 1개월).

 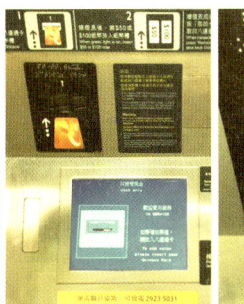 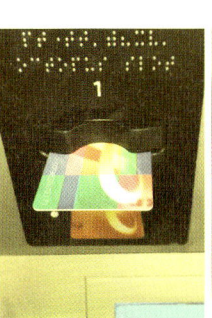 

PART 4

홍콩에서
대중교통 이용하기

추천 1
지하철

홍콩의 지하철은 빠르고 편리한 교통수단이다. 홍콩 대부분의 지역은 물론 중국 본토 경계에 있는 로우 역, 록마차우 역까지 연결되어 있다. 영어 안내방송이 나오며, 주변 안내지도에는 인근 여행명소와 호텔, 쇼핑몰 등의 정보가 나와 있다. 구룡 반도에서는 침사추이 역에서 몽콕 역까지, 홍콩 섬에서는 셩완 역에서 완차이 역까지의 구간을 주로 이용하게 된다(운행시간 06:00~00:50, 요금 HK$4~50).

추천 2
트램

트램Tram은 홍콩의 대표적인 랜드마크 중 하나다. 100년이 넘게 홍콩 섬의 도심을 가로지르는 트램은 2층 형태로 다양한 컬러와 디자인들로 관광객들의 눈길을 사로잡는다. 위층 창가자리에서 완차이, 코즈웨이 베이, 노스 포인트 등을 볼 수 있다. 뒤에서 승차해 앞으로 내리며, 현금을 낼 경우 거스름돈은 주지 않는다(요금 HK$2.3, 전 구간 동일).
Web www.hktramways.com

Tip
트램은 동서 방향으로 운행한다. 정류장마다 번호가 표시되어 있다. 동쪽은 E(East), 서쪽은 W(West)로 표시한다.

추천 3
버스

버스公車를 이용할 때에는 탑승 전에 목적지 또는 주소를 현지어로 확인해야 한다. 현금과 옥토퍼스 카드 둘 다 사용이 가능하다. 현금의 경우 거스름돈을 주지 않는 경우도 있다.

스타 페리Star Ferry는 홍콩 섬과 구룡 반도, 외곽 섬까지 연결하는 역사적인 교통수단이다. 모두 4개의 노선이 있고, 센트럴과 침사추이를 약 10분 만에 잇는 노선은 홍콩의 경관을 감상할 수 있어 인기가 많

스타 페리

다. 홍콩을 여행하다 보면 구룡 반도와 홍콩 섬을 오고 갈 일이 많다. 지하철은 빠르지만 빅토리아 하버의 낭만을 제대로 누리려면 스타 페리를 타자.
Web www.starferry.com.hk

Tip
1. 스타 페리 노선
   - 침사추이 - 센트럴 운영시간 06:30~23:30, 요금 월~금 HK$ 2.7, 주말·공휴일 HK$3.7
   - 침사추이 - 완차이 운영시간 07:20~23:00, 요금 월~금 HK$ 2.7, 주말·공휴일 HK$3.7
2. 스타 페리는 옥토퍼스 카드와 토큰 전용 라인으로 개찰구가 구분된다.
   토큰은 개찰구 옆 자판기에서 구입하면 된다.
3. 침사추이에서 센트럴 방향으로 가는 경우 진행방향의 왼쪽, 완차이 방향의 경우
   오른쪽에 앉으면 홍콩의 풍경을 즐길 수 있다.

2층 버스는 가격도 저렴하고 홍콩의 경관을 볼 수 있어 많은 관광객들의 사랑을 받고 있다. 중국어와 영어로 안내방송을 하지만 그렇지 않은 버스도 많다. 목적지에 가까워질수록 전광판을 잘 살펴보자. 내리기 전에는 미리 벨을 눌러야 한다.

2층 버스

홍콩의 택시는 편리하지만 요금은 약간 비싸다. 특히 짐에 대한 별도 요금이 있다. 대부분 택시는 빨간색이지만 신계新界 지역은 녹색, 란타우大嶼 지역은 하늘색이다. 앞쪽 창문에 'For Hire'의 불이 켜진 것을 타면 된다(기본요금 HK$20~, 짐 한 개당 HK$5 부과).

택시

Tip
홍콩은 자동차 운전석이 오른쪽에 있다. 도로를 건너다가 오른쪽에서 들어오는 차를 보고 놀라는 경우가 많다. 참고로 도로 바닥에는 보행 시 주시할 방향이 표기되어 있다.

빅 버스 Big Bus 로 투어하기

붉은색 2층 버스, 런던의 상징인 빅 버스를 타고 홍콩을 돌아보는 것은 어떨까? 한국어로 녹음된 관광 안내를 들으며 홍콩 섬과 구룡 반도의 유명 관광지들을 둘러볼 수 있다. 빅 버스는 버스가 멈추는 정류장에서 내려 자유롭게 관광하고, 다시 버스에 탑승할 수 있다.

빅 버스 노선

코스 1 홍콩 섬 투어 코스(RED Tour, 운행시간 09:30~18:10, 20~30분 간격)

센트럴 스타 페리 선착장 → 홍콩 컨벤션 전시 센터 → 코즈웨이 베이 → 완차이 컴퓨터 센터 → 피크 트램 → 미드 레벨 에스컬레이터 → 만모東華 사원 → 란콰이 퐁, 소호(약 90분 소요)

코스 2 구룡 반도 투어 코스(BLUE Tour, 운행시간 10:00~18:00, 30분 간격)

침사추이 스타의 거리 끝, 스타벅스 뒤편 → 더 페닌슐라 → 랑함 플레이스朗豪坊 → 템플 스트리트 → SKY100 → 한커우漢口 로드(약 75분 소요)

코스 3 스탠리 투어 코스(GREEN Tour, 운행시간 09:45~16:45, 30분 간격)

센트럴 스타 페리 선착장 → 피크 트램 → 오션 파크 → 리펄스 베이 → 스탠리 마켓(약 90분 소요)

코스 4 야경 투어(무정차) 코스(NIGHT Tour, RED-GREEN Tour 18:15, BLUE Tour 19:00)

침사추이 스타의 거리 끝, 스타벅스 뒤편 → 더 페닌슐라 → 템플 스트리트 → 레이디스 마켓 → 네이던 로드 → 구룡 공원 홍콩 실내경기장 → 침사추이 스타의 거리(약 60분 소요)

티켓 종류

빅 버스는 다양한 티켓을 판매하고 있다. 이용 가능한 시간과 투어 코스에 따라 선택하면 된다. 비즈니스 여행의 경우, 제한된 시간으로 나이트 투어 또는 한 가지 코스만 이용할 수 있는 단일 루트 티켓이 좋다. 티켓 구입은 한국에서 또는 빅 버스 홈페이지에서 사전 구매하는 것이 싸다.

Web www.bigbustours.com

① **클래식 티켓** 3가지 코스 이용 가능+스타 페리 왕복권 무료+피크 트램 스카이 패스 또는 SKY100 전망대 무료 이용(24시간 유효, US$55.3)

② **프리미엄 티켓** 3가지 코스 이용 가능+스타 페리 왕복권 무료+ 피크 트램 스카이 패스 또는 SKY100 전망대 무료 이용
(48시간 유효, US$61.1)

③ **디럭스 티켓** 4가지 코스 이용 가능+스타 페리 왕복권 무료+피크 트램 스카이 패스 또는 SKY100 전망대 무료 이용(48시간 유효, US$72.6)

④ **야경 투어** US$35.8(1시간 야경 투어)

> **Tip** **릭샤 버스 투어** Rickshaw Bus Tour
> 전통적인 풍경에 중점을 둔 헤리티지 루트 Heritage Route와 도시 중심부를 둘러보는 메트로폴리스 루트 Metropolis Route가 있다. 릭샤 투어는 바깥쪽에 칸막이가 없어 사진 찍기에 좋다. 메트로폴리스 야간 코스는 홍콩 섬 야경 투어로 추천한다.
> Open 스타 페리 출발 주간 10:00~16:30, 야간 17:00~20:30(30분 간격, 약 70분)
> 페닌슐라 출발 11:15~21:15(30분 간격, 약 45분)
> Cost 편도 HK$33, 종일 HK$200
> Web www.rickshawbus.com

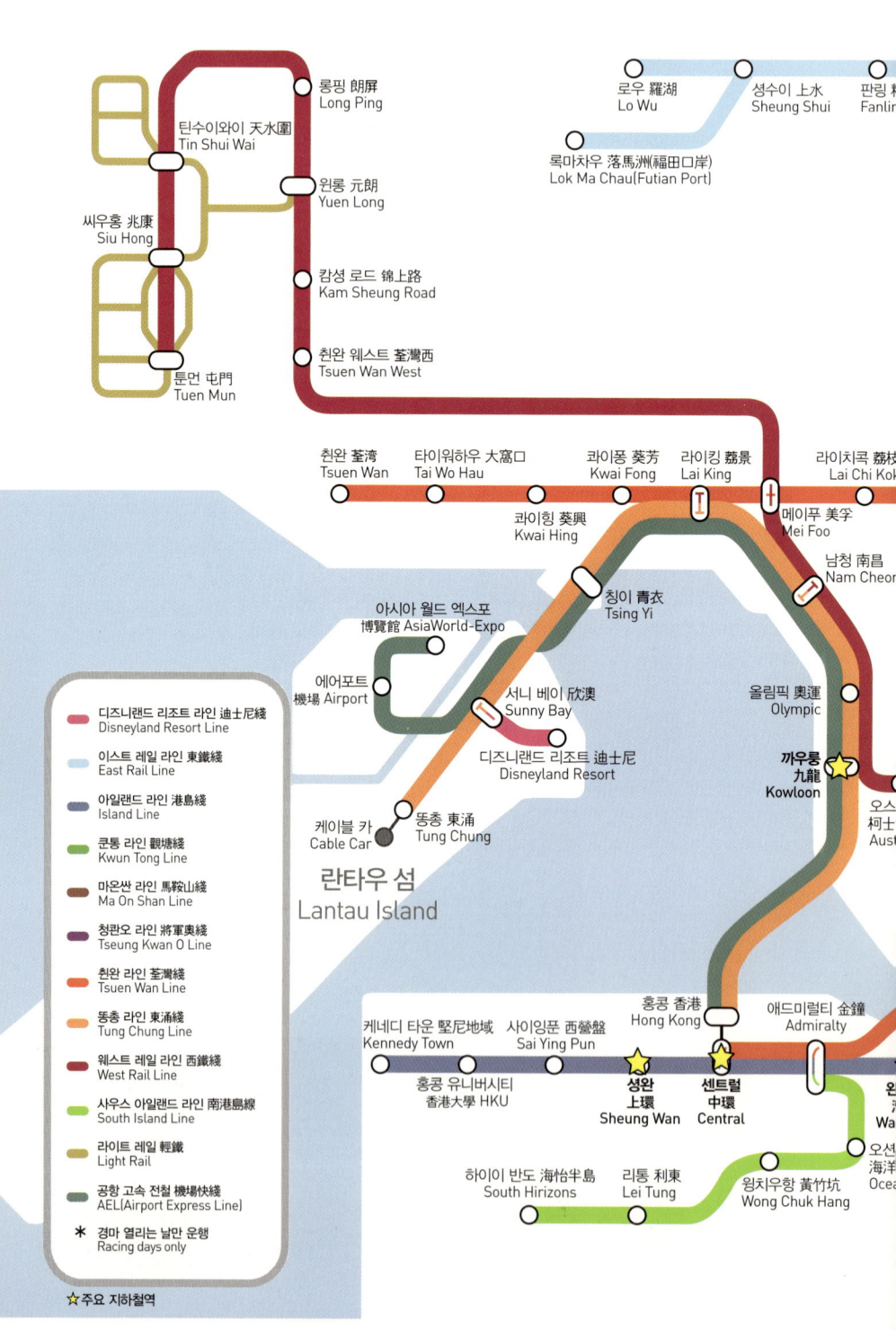

PART 5
홍콩 관광코스

홍콩의 면적은 서울의 1.8배 크기다. 대부분 섬으로 이루어져 있어 관광지는 구룡 반도와 홍콩 섬에 모여 있다. 홍콩은 야경과 쇼핑이 대표적이다. 야경을 즐기는 방법은 구룡 반도의 침사추이에서 '심포니 오브 라이트 Symphony of Light'를 보며 홍콩 섬의 스카이 라인을 즐기는 방법과 홍콩 섬 빅토리아 피크 전망대에서 구룡 반도를 내려다보는 방법이 있다. 쇼핑에 관심이 없다면 홍콩 섬에서 트램을 타고 도심 구석구석을 둘러봐도 좋다. 홍콩의 옛 모습을 찾고 싶다면 미드 레벨 에스컬레이터를 타고 란콰이퐁과 소호 거리를 걸어보자.

홍콩 더욱 재밌게 즐기기
해 지기 2시간 전에 침사추이 시계탑으로 가자. 침사추이는 홍콩 여행의 심장이다. 이곳에 홍콩 역사의 기준점인 시계탑이 있다. 시계탑에서 보는 홍콩의 야경은 세계적으로도 유명하다. 해가 지기 전까지 침사추이 해변 산책로를 걷자. 산책로에는 스타의 거리, 홍콩 문화 센터, 홍콩 우주박물관, 홍콩 아트 뮤지엄 등이 있다. 늦어도 해 지기 30분 전에는 시계탑으로 되돌아와야 한다. 매일 밤 8시에 펼쳐지는 심포니 오브 라이트를 보기 위해서다. 빅토리아 하버 뒤로 펼쳐지는 홍콩 섬의 화려한 야경은 최고의 추억이 될 것이다.

제2국제금융센터(IFC 몰)에서 2층 버스를 타고 빅토리아 피크로 올라가자. 루가드Lugard 로드 산책길을 걸으며 홍콩의 빌딩 숲과 빅토리아 하버를 즐기자. 1번 미니버스 또는 택시로 란콰이 퐁蘭桂坊으로 가자. 홍콩의 거리를 거닐며 소호 지역을 지나 미드 레벨 에스컬레이터로 가자. 시원한 맥주 한 잔을 마시고 내려와 가까운 정류장에서 트램을 타고 홍콩의 거리 풍경을 즐겨보자. 진짜 홍콩의 밤거리를 알 수 있다.

핵심코스 01

심포니 오브 라이트 (Symphony of Light)

Tip 선상에서 야경 즐기기

빅토리아 하버 양쪽에서 바라보는 빛의 향연도 아름답지만, 빅토리아 하버 위 선상에서 보는 느낌은 또 다르다. 스타 페리에서 운항하는 하버 투어 프로그램과 붉은색 돛의 검은 해적선, 아쿠아 루나를 이용하자.

매일 밤 8시, 빅토리아 하버에서 아름다운 교향악과 함께 약 15분간 빛의 향연이 펼쳐진다. 홍콩 섬과 구룡 반도의 고층 빌딩에서 서치 라이트가 음악에 맞춰 춤을 추면 홍콩 야경이 화려하게 빛난다. 심포니 오브 라이트는 5개의 메인 테마로 진행된다. 주요 빌딩들이 하나씩 소개되면, 각 빌딩에서 레이저나 조명, 네온사인으로 화답을 한다. 이어 경쾌한 왈츠나 교향악을 반주 삼아 환상적인 야경이 펼쳐진다. 마지막으로 모든 건물이 레이저를 발사하며 밤하늘을 화려하게 수놓는다. 가장 좋은 관람 포인트는 시계탑 앞, 스타의 거리와 홍콩 문화 센터 사이의 침사추이 해변과 완차이의 골든 보히니아 Golden Bauhinia 광장 밖 산책로다. 라이브 음악과 함께 영어 내레이션도 들을 수 있다(영어 월·수·금, 북경어 화·목·토, 광둥어 일요일 진행). 관광객들은 최상의 관람 포인트를 찾아서 노을을 바라보며 공연을 기다린다.

Open 20:00~20:15
Cost 무료

Hong Kong

Mission 1) 아쿠아 루나 투어 Aqua Luna Tour

빅토리아 하버를 운항하는 여러 배들 중에 '아쿠아 루나'는 가장 돋보인다. 옛날 해적선 같은 검은 나무배에 커다란 붉은 돛을 달고 다니기 때문이다. '청포차이 Cheung Po Tsai'라는 이름은 19세기 말 홍콩에서 유명했던 해적의 이름에서 따온 것이다. 해당 투어는 침사추이에서 출발해 센트럴을 거쳐 약 60분간 빅토리아 항구를 운항하며 홍콩의 아름다운 야경을 선상에서 관람할 수 있다.

Open 19:30~20:30 (심포니 오브 라이트 크루즈)
Cost HK$295(저녁 크루즈 HK$195)
Tel 2116-8821
Address 침사추이 2번 부두
Access 침사추이 스타 페리 터미널 옆의 Kowloon Public Pier 1번 선착장(지하철역 E출구), 센트럴 스타 페리 터미널 옆의 Queen's Pier 9번 선착장(지하철역 K출구)
Web www.aqua.com.hk

Tip
아쿠아 루나에서 2층 갑판 왼편이 심포니 오브 라이트를 감상하기 좋다. 편한 소파에 앉아 무료로 제공하는 칵테일 또는 맥주를 마시며 홍콩 야경을 감상할 수 있다.

Tip
아쿠아 루나 투어는 홈페이지나 전화로 예약할 수 있다. 특히 심포니 오브 라이트 시간대는 반드시 예약을 하자. 침사추이에서 출발하는 것을 추천한다.

Mission 2) 하버 크루즈 투어 Harbour Cruise Tour

하버 크루즈 투어는 선상 위에서 홍콩을 둘러보는 관광코스다. 낮보다는 심포니 오브 라이트 공연을 하는 저녁 시간대(19:30~20:30)가 인기가 많다. 아쿠아 루나 투어는 사전에 예약을 해야 하지만, 하버 크루즈 투어는 선착순으로 판매된다.

스타 페리 하버 투어 Star Ferry's Harbour Tour

홍콩의 대표적인 운송수단인 스타 페리 회사의 투어 프로그램이다. 하버 투어에 운항 중인 샤이닝 스타 페리 Shining Star Ferry는 1920년대에 운항하던 페리를 개조한 것이다(1시간 간격으로 운행). 매표소는 침사추이 페리 터미널, 센트럴 7에 있으며, 선착순 판매로 진행된다. 온라인 예약은 불가능하다(현금만 결제 가능).

Tip 스타 페리 하버 투어 티켓 종류

주간 순환 티켓(HK$100) 낮에 순환선을 한 번 탈 수 있는 티켓(여름 11:55~17:55, 겨울 11:55~16:55)
침사추이 출발기준 11:55/12:55/13:55/14:55/15:55/16:55/17:55
센트럴 출발기준 12:15/13:15/14:15/15:15/16:15/17:15

야간 순환 티켓(HK$180) 야간에 순환선을 한 번 탈 수 있는 티켓(여름 18:55~10:55, 겨울 17:55~20:55)
침사추이 출발기준 18:55/20:55, 센트럴 출발기준 20:15

심포니 오브 라이트 하버 크루즈(HK$205) 선상에서 심포니 오브 라이트를 관람하는 티켓
침사추이 출발기준 19:55, 센트럴 출발기준 19:15

핵심코스 02

시계탑 (Clock Tower)

홍콩 여행에서 시계탑은 여행의 시작점이자 마침점이다. 관광객들이 홍콩 도심에서 먼저 찾는 곳이자 여행을 마치고 공항으로 돌아가기 전에도 이곳에서 야경을 보며 아쉬움을 달래기 때문이다. 시계탑은 1915년 구룡 반도와 광둥 지방을 연결하는 기차역의 일부였다. 현재 기차역은 사라지고 시계탑만 그 자리를 지키고 있지만, 1970년대까지만 해도 중국과 유럽을 왕복하던 시베리아 횡단 열차의 종착역이었다. 수백만 명의 중국인들이 새로운 곳에서, 또 새로운 삶을 살기 위해 오거나 떠나던 곳이다. 시계탑은 홍콩 역사기념물로 보존돼 화려한 역사의 한 부분으로 남아 있다.

시계탑 찾아가기

추천 1 지하철 이용하기

침사추이 역 출구E로 나가 솔즈베리Salisbury 로드를 향해 걷다가 우회전, 페닌슐라 홍콩 호텔을 지나 지하도(L6)로 나온다. 1881 헤리티지를 지나 횡단보도를 건너면 홍콩 문화 센터가 있다. 우회전해서 걷다 보면 정면에 시계탑이 보인다(600m/도보 10분).

추천 2 스타 페리 이용하기

센트럴과 완차이에서 페리 터미널로 이동한다. 시계탑은 침사추이 페리 터미널 바로 옆에 위치해 있다(200m/도보 3분).

Open 24시간
Cost 무료
Access 침사추이 스타 페리 선착장 입구에서 맞은편

핵심 코스 03

Hong Kong

1881 헤리티지 (1881 Heritage)

단아하면서 화려한 유럽풍 건물인 1881 헤리티지는 1880년대부터 1996년까지 홍콩 해양경찰 본부로 사용되던 곳이다. 해적을 감금하고, 세계 곳곳으로 먼 여행을 준비하는 배들이 신호를 기다리던 역사적인 공간이 명품 쇼핑몰과 호텔 그리고 전시공간으로 변했다. 헤리티지의 북쪽 끝부분에는 해양경찰 본부의 메인 건물이 있다. 그 안에는 해적과 도박꾼들을 가뒀던 감옥이 있다. 태풍이 발생했을 때 수동으로 올리던 태풍 돛대가 시간 구탑 옆에 자리해 있다. 첨단 미디어 시대를 살아가는 홍콩 사람들에게는 더 이상 이 태풍 돛대가 기상 정보로 활용되지 않고 있지만, 홍콩의 많은 관련 기관들에서는 아직도 이 돛대가 알려주는 태풍 신호를 활용하고 있다.

Tip

시간 구탑 時間球塔, Time Ball Tower

분수대 옆 나선형의 계단이 있고 그 위에 커다란 나무와 함께 탑이 있다. 타워 꼭대기에 달린 보시구 報時球를 매일 오후 1시에 떨어뜨려 세계 각지로 떠나는 선박들의 시계를 1/10초의 정확도로 재조정할 수 있었다.

Open 10:00~22:00
Cost 무료
Address 九龙尖沙咀广东道2A号
Access 침사추이尖沙咀 역 L6출구로 나오면 도보 5분, 스타 페리와 하버 시티 입구에서 도보 5분
Web www.1881heritage.com

핵심코스 04

빅토리아 피크 (Victoria Peak)

Tip 루가드 Lugard 로드
홍콩의 전망을 좀 더 즐기고 싶다면, 전망대 옆 숲속으로 연결된 트레킹 코스를 추천한다. 시야가 답답한 전망대보다 산책을 하면서 시원한 풍광을 즐길 수 있는 관광명소다.

빅토리아 피크는 홍콩 섬에서 가장 높은 곳으로, 영국 식민지 시대부터 오늘날까지 홍콩에서 가장 부유한 동네이다. 과거에는 고지대라는 특성으로 타 지역보다 시원하여 부유층이 몰려들었고, 에어컨이 보편화된 이후로는 화려한 도시의 경관으로 부자들이 이곳에 살고 있다. 침사추이에서 바라보는 홍콩 섬의 야경도 아름답지만, 높은 곳에서 내려다보는 빅토리아 하버의 모습도 아름답다. 낮에는 화려한 고층빌딩과 빅토리아 하버의 풍경, 저녁에는 오렌지 빛으로 물드는 빅토리아 하버를, 어둠이 내리면 화려한 홍콩 도심의 불빛을 감상할 수 있다. 피크 트램 종점에 내리면 거대한 비행선과 같은 피크 타워 The Peak Tower로 연결된다. 피크 타워 전망대인 스카이 테라스428까지는 에스컬레이터로 올라갈 수 있다. 피크 타워에는 카페, 레스토랑, 기념품 숍 등이 입점해 있다. 참고로, 피크 트램 스카이 패스나 옥토퍼스 카드를 소지하면 전망대 입장이 가능하다. 스카이 패스는 피크 트램을 편도 또는 왕복으로 이용 가능하며 스카이 테라스428 입장이 가능한 패키지다.

빅토리아 피크 찾아가기

추천1 피크 트램으로 올라가기

센트럴 역 출구 J2로 나와서 중국은행China Bank 건물 방향으로 이동한다. 다시 시티뱅크 플라자City Bank Plaza 방향으로 직진하면 티켓 판매소가 있다(도보 15분, 편도 HK$32, 왕복 HK$45/SKY Terrace 428 패키지 편도 HK$77, 왕복 HK$90).

Tip
탑승할 때, 대기 시간이 길므로 기다려야 한다. 공항이나 시내에서 미리 표를 예매하는 것이 할인도 되고 대기시간도 줄일 수 있다.

추천2 버스로 이동하기

IFC 몰을 기준으로 버스 1번, 15번을 이용하면 피크 전망대까지 이동이 가능하다. 가능하다면 출발지인 센트럴 페리 터미널에서 15번 버스를 타자. 2층 앞줄 오른편에 탑승하면 도심을 구경하기 좋다.

- 1번(미니버스) : IFC 몰(Two)에서 탑승
  (15분 간격/20~30분 소요/HK$10.2)
- 15번(2층 버스) : 센트럴 버스 터미널(Exchange Square)
  (12분 간격/40~60분 소요/HK$9.8)

Tip
택시로 이동 시, 약 20~30분 걸린다(HK$70~80). 내려올 때 버스나 트램에 사람이 많을 때 추천하며 피크에서 목적지까지 요금 상한제를 도입하기 때문에 많은 요금은 나오지 않는다.

Tip
마담 투소 Madame Tussauds 박물관

마담 투소 홍콩에는 유명인사와 닮은 밀랍인형 100여 개가 전시되어 있다. 피크 타워에 위치한 마담 투소 박물관에서는 세계에서 유명한 인물들을 10개의 테마로 나눠서 운영하고 있다. 홈페이지로 사전구매를 하는 것이 저렴하다.

Open 10:00~22:00
Cost HK$265
Web www.madametussauds.com/hong-kong

추천코스 01

미드 레벨 에스컬레이터 (Mid Level Escalator)

센트럴 번화가에서 미드 레벨 주택가까지의 거리는 약 800m이며, 총 12번의 에스컬레이터를 탑승해야 한다. 약 20분에 걸쳐 이동하는 동안 에스컬레이터 구간마다 오밀조밀하게 양옆으로 상권이 형성되어 있어 마음대로 이동할 수 있다. 가장 매력적인 곳은 중간에 위치한 소호SOHO이다. 골목마다 카페와 레스토랑, 바 그리고 아기자기한 숍들로 복잡한 홍콩의 도시풍경과 뒤섞여 가장 홍콩스러운 모습을 하고 있다. 특히 조명과 네온사인이 켜지기 시작하는 늦은 오후에는 수많은 관광객들이 이곳을 찾는다.

미드 레벨 에스컬레이터 찾아가기

초행길이라면 찾기가 쉽지 않다. 찾아오는 방법이 다양하기 때문이다. 크게 구분하면 캣 스트리트에서 만모 사원을 둘러보고 도보로 걸어오는 방법, 센트럴 역에서 이동하기, 그리고 IFC 몰을 둘러보고 찾아오는 방법 등이 있다. 빅토리아 피크 전망대에서 오는 경우는 센트럴 역이나 IFC 몰에서 하차해서 찾아오면 된다.

Tip
에스컬레이터는 일방통행을 원칙으로 운행한다. 오전 6시에서 오전 10시 사이에는 하행, 이후로는 상행으로 운행한다. 즉, 오후에 이곳을 찾으면 올라가는 것은 에스컬레이터로 이동 가능하지만 내려오는 것은 도보로 이동해야 한다.

센트럴 역에서 찾아가기

지하철 센트럴 역 출구C(트램의 경우, 페더Pedder 스트리트 정류장) 왼쪽 방향 → 스타벅스 → 300m 전방에 센트럴 마켓Central Market → 스탠다드 차타드Standard Chartered 은행에서 좌회전 → 한 블록 이동 후 좌회전 → 미드 레벨 에스컬레이터(약 500m/도보 10분)

Tip
미드 레벨 에스컬레이터는 영화 〈중경삼림〉에서 왕정문이 양조위를 훔쳐볼 때 등장한 곳이며, 배트맨 시리즈 〈다크 나이트〉에서 크리스찬 베일과 모건 프리먼이 대화를 나누던 곳이다.

IFC 몰에서 찾아가기

애플 스토어 반대 방향에 고디바 초콜릿Godiva Chocolatier → IFC 몰(One) → 중국은행China Bank 빌딩 → 항생Hang Seng 은행 → 스탠다드 차타드 은행에서 좌회전 → 한 블록 이동 후 좌회전 → 미드 레벨 에스컬레이터

추천코스 02

란콰이 퐁 (Lan Kwai Fong)

Tip
란콰이 퐁은 센트럴 역, 소호, 미드 레벨 에스컬레이터 어디서든 찾아올 수 있는 만큼 특정 구역을 지정해서 찾아오는 길을 제시하는 것은 어렵다. 자유롭게 거리를 다니면서 마음에 드는 곳에 들어가서 쇼핑도 하고 먹고 마실 수 있는 여행자들의 천국과도 같은 곳이다.

홍콩의 나이트 라이프를 대표하는 란콰이 퐁. 홍콩 섬의 가장 번화한 센트럴 역 주변과 미드 레벨 에스컬레이터, 그리고 소호의 연장선상에 있다. 소호를 중심으로 카페, 레스토랑, 바가 새롭게 들어서면서 홍콩 섬 최대의 유흥가로 자리 잡았다. 란콰이 퐁은 침사추이나 센트럴, 완차이 등에서 저녁식사를 하거나 심포니 오브 라이트가 끝난 뒤에 클럽이나 펍을 찾아온 현지인들과 외국인 관광객들이 뒤섞여 거리에 넘쳐나고 있다.

🔍 란콰이 퐁 찾아가기

추천1 미드 레벨 에스컬레이터에서 찾아가기

미드 레벨 에스컬레이터 출구에서 좌회전 → 퀸즈Queen's 로드에서 우회전 → 포틴저Pottinger 스트리트 진입 후 좌회전 → 웰링턴Wellington 스트리트에서 우회전 → D'Aguilar 스트리트에서 좌회전 → 란콰이 퐁

추천2 센트럴 역에서 찾아가기

센트럴 역 → Des Voeux Rd Central에서 좌회전 → Theatre Ln → D'Aguilar 스트리트에서 좌회전 → 란콰이 퐁

Open 24시간(상점마다 다름)
Cost 무료
Address 香港中環蘭桂坊

추천코스 03

트램 투어 (Tram Tour)

홍콩 섬에서는 '트램'이라는 독특한 교통수단을 만날 수 있다. 홍콩 섬의 관광지 및 쇼핑몰은 성완 역, 센트럴 역, 완차이 역 주변에 모여 있다. 트램을 이용하면 도심뿐만 아니라 홍콩 섬 구석구석을 살펴볼 수 있다. 화려하게 반짝이는 간판들 사이로 요리조리 달리는 트램은 구룡 반도에서는 볼 수 없는 홍콩 섬만의 명물이다. 홍콩 섬을 오후에 방문한다면 트램으로 관광하기를 추천한다.

트램은 뒷문으로 승차해서 앞문으로 하차한다. 처음 이용할 경우 트램 역에 설치된 노선표에서 하차할 역의 정차 번호를 확인하자. 다른 버스처럼 전광판이나 안내방송이 따로 없기 때문이다. 1층은 마주보고 앉는 구조이며, 2층은 차창을 두고 양쪽에서 홍콩의 전경을 구경할 수 있는 구조다.

Cost 성인 HK$2.3(옥토퍼스 카드 가능, 거스름돈 없음)
Tel 852-2118-6301
Web www.hktramways.com

주요노선

성완 → 센트럴 → 완차이 → 해피 밸리 Happy Vally 경마장 → 코즈웨이 베이 → 틴하우 → 포트리스 힐 → 노스 포인트

추천코스 04

스타의 거리 (Avenue of Stars)

Tip
홍콩 영화는 절권도로 할리우드를 장악한 '이소룡李小龍'을 시작으로 코믹 액션 영화 장르를 만들어낸 '성룡成龍', 그리고 홍콩 느와르 영화를 꽃피운 '주윤발周潤發'에 이르기까지 수많은 영화인을 통해 전 세계에 알려지기 시작했다.

2004년 시계탑을 기점으로 해변을 따라 조성된 스타의 거리는 홍콩 섬 야경과 심포니 오브 라이트를 감상하기 위해 모여든 사람들로 항상 활기가 넘친다. 스타의 거리는 지금의 홍콩을 '동양의 할리우드'로 만들기까지 공헌한 영화인들을 기념하기 위해 조성되었다. 400m 정도 해안가 바닥에는 홍콩의 배우들과 감독들의 핸드프린팅이 새겨져 있다. 추억 속에 명장면으로 기억되는 배우들의 핸드프린팅을 찾으며 걸어보자. 스타의 거리가 지닌 또 다른 매력은 빅토리아 하버의 풍경을 배경으로 매달 다양한 공연이 진행되기 때문에 언제나 생동감이 넘친다.

스타의 거리에서 만나볼 수 있는 핸드프린팅의 주요 배우와 감독들이 궁금하다면 번호로 확인할 수 있다. 또한 쿵푸 액션 영화계의 영웅, 이소룡의 실물 크기 동상 및 영화관련 기념품 등도 만나볼 수 있다.

Open 24시간
Cost 무료
Web www.avenueofstars.com.hk

여 행 이 야 기
아편전쟁

홍콩을 이야기하려면 아편전쟁을 먼저 알아야 한다.

강희제, 옹정제, 건륭제가 집권했던 청나라 황금기가 지나고, 이후 서태후의 섭정으로 청나라 조정은 부패하고 국력은 쇠약해지고 있던 때였다. 당시 영국에서 수출하던 아편이 1,000상자에서 무려 40,000상자로 늘어나면서 중국 전역이 아편 중독자로 넘치게 되었다. 문제를 의식한 청나라 도광제는 아편무역 금지령을 내렸다.

이로 인해 엄청난 재정적 손실을 입게 된 영국이 일으킨 전쟁이 바로 아편전쟁(1840~1842년)이다. 수만 명의 사상자를 내며 전쟁에 패한 청나라는 홍콩 섬을 영국에 넘긴다는 불평등한 조약(난징 조약)을 체결했다. 그 후 베이징 조약으로 지금의 구룡 반도까지 영국에게 넘어가며 본격적으로 영국은 홍콩을 지배하기 시작했다. 청나라는 국토를 빼앗긴 수모를 겪었지만, 홍콩은 세계적인 무역도시로 성장하는 기반이 되었던 사건이기도 하다.

지난 1997년, 100여 년 동안 영국령이었던 홍콩은 중국에 반환되었다.
현재 홍콩은 '1국가 2체제 원칙'에 따라 중국의 특별행정구로 지정되어 있어 정치, 경제에 관한 부분은 독자적인 자치권을 행사할 수 있다. 이러한 홍콩의 역사 때문에 영국과 중국 문화가 어우러진 독특한 홍콩만의 문화가 만들어졌다. 그래서 홍콩은 불교, 도교, 이슬람교, 유대교, 기독교 사원들이 함께 어우러진 문화적 관용 정신을 반영하고 있다. 홍콩 여행자들은 도시 속 화려한 문화유산과 더불어 가문 이야기, 약탈을 일삼던 해적, 유럽에서 건너 온 상인 등 흥미로운 역사를 생생하게 보고 들을 수 있다.

PART 6
홍콩의 먹거리

추천 1 **딤섬**點心

홍콩 요리를 상징하는 대표음식이자 광동 요리를 대표하는 딤섬은 얇은 만두피 안에 넣은 통새우가 훤히 비치는 광동식 만두 하가우蝦餃, 얇은 만두피 속에 고소한 육즙을 담은 상하이 만두 소룡포小籠包, 노란 만두피에 잘게 간 돼지고기와 통새우를 넣은 수마이燒賣, 찐빵과 같은 반죽에 달콤한 양념을 곁들인 돼지고기를 넣은 차슈바오叉燒包 등 종류가 헤아릴 수 없을 만큼 많다. 다양한 딤섬을 즐기기 위해서는 최소 2~3번은 딤섬 전문점에 방문해보는 것을 추천한다. 딤섬 전문점도 좋지만 쇼핑몰에서도 간단하게 즐길 수 있다.

추천 2 **완탕면**雲呑麵

홍콩에서는 전 세계의 면류를 다 맛볼 수 있다. 다양한 재료와 육수에 따라 각 지방의 맛을 느낄 수 있다. 그중에서도 완탕면은 달걀의 노른자를 섞어 가늘게 뽑은 면의 쫄깃함, 투명할 만큼 얇은 피 안에 돼지고기와 통새우를 함께 넣어 탱탱하게 만든 완탕 그리고 건어물을 푹 끓여서 만든 육수가 어우러진 홍콩의 대표국수다. 매콤한 칠리 소스에 고소한 땅콩 소스를 넣어 만든 사천 요리 탄탄면擔擔麵도 홍콩에서 인기가 많다. 면 요리는 홍콩의 대표적인 서민음식이다. 대나무를 이용한 전통방식으로 국수를 뽑고 있는 가게도 있다고 하니 여러 완탕면을 비교해보면서 즐겨보자.

추천3 밀크 티 Milk Tea와 에그 타르트 Egg Tart

영국의 애프터눈 티 Afternoon Tea 문화와 함께 발달한 밀크 티. 촘촘한 비단주머니에 찻잎을 넣어 끓인 다음 짜내서 만든 홍차를 걸러내고 우유를 넣어 마신다. 200년 전 포르투갈의 수도원에서 처음 만들어진 에그 타르트는 마카오의 대표적인 간식거리다. 전 세계 어디서나 즐길 수 있는 간식이다. 겹겹의 페이스트리 안에 가득한 에그 커스터드와 짙은 캐러멜 향이 부드러움으로 남는다. 홍콩의 에그 타르트는 유난히 노랗다. 마카오의 유명한 에그 타르트와 비교해 보며 즐겨도 된다. 밀크 티 한 잔을 에그 타르트와 함께 먹으며 홍콩에서의 여유를 즐기자.

추천4 애프터눈 티 Afternoon Tea

홍콩에는 '애프터눈 티'라는 문화가 있다. 영국문화의 산물이라 할 수 있다. 애프터눈 티는 1841년 베드포드 공작부인 안나 마리아가 출출한 오후 4~5시경에 샌드위치, 마카롱, 비스킷 등 간식거리와 함께 차를 마시던 것에서 유래되었다고 알려져 있다. 이후 애프터눈 티는 영국 귀족들 사이의 사교문화로 자리 잡았다. 홍콩에서는 호텔이나 카페뿐만 아니라 일반 식당에서도 애프터눈 티를 즐길 수 있다. 홍차에 함께 곁들여 먹는 간식거리로는 다양한 종류의 디저트가 있다.

삼겹살에 소주 한잔을 하고 싶다면?

홍콩은 유난히 한국 관광객들이 많이 찾는 곳이다. 특히 20대부터 40대 여성이 많다. 쇼핑 목적으로 방문하는 경우가 많기 때문이다. 또한 중국 심천深圳이나 둥관东莞 지역으로 출장 가는 경우에도 홍콩을 통해 이동한다. 이러한 이유들로 홍콩에는 기타 비즈니스 도시에 비해 유난히 한국식당이 많다. 홍콩 컨벤션 센터 주변과 센트럴 그리고 침사추이 지역 쇼핑 거리 골목골목에 한국식당들이 모여 있다.

홍콩 컨벤션 전시 센터 주변

가야 伽俪韩国餐厅
Tel   2838-9550
Address 铜锣湾登龙街1-29号

명가 名家韩国餐厅
Tel   2882-5056
Address 铜锣湾告士打道280号 世界贸易中心

서라벌 新罗宝韩国餐厅
Tel   2881-6823
Address 鹅颈波斯富街99号

이화원 梨花园韩国餐厅
Tel   2544-0007
Address 勿地臣街1号 时代广场B1楼

신고려원 新高丽苑韩国餐厅(湾仔)
Tel   2511-1778
Address 湾仔骆克道175号

순자옥 纯子餐厅
Tel   2827-9287
Address 湾仔谢斐道209号地下

구룡 역 주변

가야 伽倻韩国餐厅
Tel   2331-9110
Address   九龙尖沙咀梳士巴利道 海运大厦 G/F, G07

강남 江南韩国餐厅
Tel   2366-1138
Address   麼地道67號半島中心

한성 汉城韩国餐厅
Tel   2367-3675
Address   山林道33-35号

아리랑 阿里朗韩国餐厅
Tel   2956-3288
Address   尖沙咀亚士厘道29-39号 九龙中心大厦

명가 名家韩国餐厅
Tel   2369-1177
Address   尖沙咀弥敦道63号 iSQUARE 国际广场27楼2702号

돌담길 石墙道韩国餐厅
Tel   2311-9878
Address   尖沙咀金巴利道27-33号 永利大廈地下20及22号 铺(诺士佛台)

이태원 梨泰园韩国餐厅
Tel   2375-0303
Address   尖沙咀柯士甸路18号A侨丰大厦地下

금성반점 韩国锦城饭店
Tel   2311-8636
Address   尖沙咀赫德道4号, The Hart

한국궁 韩国宫
Tel   2723-7887
Address   漆咸围5~7

부촌 浦村
Tel   2321-7775
Address   尖沙咀金巴利道65号

서라벌 撒拉伯尔
Tel   2375-2882
Address   尖沙咀金巴利道1~23號 美麗華商場4字樓

PART 7
쇼핑 거리

홍콩은 면세지역이다. 일 년에 두 번에 걸쳐 빅 세일을 한다. 특히 12월부터 2월까지 이어지는 세일 행사는 세계적으로 유명하다. 침사추이 지역과 구룡 역 사이에 있는 하버 시티를 비롯하여 캔톤 로드 Canton Road가 대표적이다. 독특한 디자인이나 패션 브랜드를 찾는다면 홍콩 섬의 IFC 몰 또는 소호 거리, 코즈웨이 베이 거리로 가자.

캔톤 로드와 하버 시티

침사추이와 시계탑, 스타 페리 터미널 근처에는 초대형 쇼핑몰이 밀집되어 있다. 거대한 면세점과 같다. 특히 하버 시티의 경우 총 길이 600m로 초대형 쇼핑몰이다. 약 500여 개의 매장과 50여 개의 레스토랑, 3개의 호텔 등이 한 건물에 모여 있다. 우리가 알고 있는 브랜드는 모두 있다고 보면 된다. 캔톤 로드는 럭셔리한 전 세계 명품 브랜드 숍과 플래그십 스토어가 모여 있는 홍콩의 대표적인 쇼핑 거리다. 길게 쭉 뻗은 길을 걷다 보면 홍콩이 쇼핑천국인 이유를 알 수 있다. 하버 시티와 캔톤 로드를 중심으로 다양한 테마의 쇼핑몰들이 이어져 있다.

1881 헤리티지

영국 빅토리아 시대의 유럽풍 건물들이 고풍스럽게 서 있는 1881 헤리티지. 1881년부터 1996년까지 홍콩 해경본부로 사용되던 곳이다. 40년에 걸쳐 완공했을 만큼 큰 규모다. 과거 마구간이었던 곳은 창고와 레스토랑으로, 해경 집무실이었던 곳은 호텔 훌렛 하우스로 바뀌었다. 1881 헤리티지는 각종 연회장으로도 사용되며, 관광객들의 포토존으로도 많은 사랑을 받고 있다. 클래식한 분위기에 모던 함이 숨어 있는 이곳에는 보석류의 명품관이 입점해 있다.

IFC 몰

국제금융센터 IFC는 홍콩의 랜드마크다. 피크 트램, 미드 레벨 에스컬레이터, 스타 페리, 지하철과 직접 연결되는 쇼핑, 관광의 허브 지역이다. 실용잡화 브랜드, 명품 숍 등이 IFC 몰에 입점해 있으며, 애플 스토어가 빅토리아 하버를 배경으로 연결되어 있다. 옥상에는 휴식공간 및 전망대가 있다. 홍콩의 다른 곳으로 이동하기 전 반드시 거쳐야 하는 랜드마크.

소호SOHO 지역

홍콩 섬 센트럴에 있는 '홍콩의 작은 유럽'이다. 소호는 미드 레벨 에스컬레이터와 연결되어 있다. 과거와 미래가 연결되듯 고층 빌딩들은 전통적인 홍콩 거리와 연결되어 있다. 트렌디한 디자인과 브랜드 숍이 있는 고급 쇼핑몰과 골동품, 재래식 시장, 다양한 액세서리 숍이 어우러져 있는 소호 지역은 가장 홍콩스러운 쇼핑 거리다.

Special Part
홍콩에서 마카오로 외출하기

마카오는 홍콩의 일부가 아닌 독립국가다. 많은 관광객들이 홍콩 여행에 마카오도 포함시킨다. 홍콩에서 배로 한 시간 거리이기 때문이다. 홍콩에 중국과 영국의 문화가 공존한다면, 마카오는 포르투갈의 문화가 배어 있다. 관광객들은 마카오의 대표적인 관광산업인 카지노를 즐기기도 한다. 비즈니스 일정 중 하루를 마카오에서 즐겨보는 것은 어떨까? 마카오 관광지 중 베네치안 호텔 안에 있는 카지노와 곤돌라 투어를 소개한다.

Mission 1 홍콩마카오 페리 터미널에서
마카오 남섬 타이파Taipa행 표 구매하기

홍콩에서 마카오로 들어가는 터미널은 각각 두 곳이 있다. 홍콩의 경우, 홍콩 섬(홍콩마카오 페리 터미널/성완 역 앞)과 구룡 반도(차이나 페리 터미널)이고 마카오의 경우, 마카오 남섬 타이파Macau Taipa와 본섬 마카오 페리 터미널Macau Ferry Terminal이다. 당일 여행을 기준으로 '홍콩 섬 → 마카오 남섬 타이파(입국) → 관광 → 마카오(출국) → 홍콩 섬' 동선을 추천한다. 일정에 따라 홍콩의 출발지와 도착지에 대한 변경이 가능하다.

홍콩마카오 페리 터미널 3층에 올라가면 각각의 운항사별 판매창구가 다르다. 해당 창구에서 원하는 날짜와 시간을 선택하여 예약하자. 붉은 안내 표지판은 터보 젯Turbo Jet, 파란 안내 표지판은 코타이 워터 젯Cotai Water Jet이다. 한 번 예약하면 변경 및 환불이 불가능하다.

Cost 홍콩 섬 홍콩마카오 페리 터미널→타이파 페리 터미널(편도 HK$165)
마카오 페리 터미널 → 홍콩마카오 페리 터미널(편도 HK$153)
Address 3/F Shun Tak Centre, 200 Connaught Road Central, Sheung Wan
Web 티켓 예약 및 발권 Cotai Water Jet(www.cotaiwaterjet.com)
Turbo Jet(www.turbojet.com.hk)

Mission 2 마카오 들어가기

출국심사 시간을 고려하여 최소 30분전에는 출발 터미널에 도착해야 한다. 짐을 수하물로 부칠 경우, 1개당 MOP20정도의 추가요금이 발생한다. 목적지까지 소요시간은 최소 50분 정도 예상된다. 주말에는 혼잡하니 예매를 하는 것이 좋다. 터보 젯은 범아 항운과 제휴하여 국내에서도 티켓을 구매할 수 있고, 다양한 할인 이벤트가 있다. 일정이 불확실한 경우 상황에 맞게 구입하는 것이 좋다.

Mission 3 베네치안 호텔에서 카지노와 곤돌라 즐기기

1. 마카오 입국
홍콩 섬에서 마카오(또는 남섬 타이파)까지는 약 1시간 정도 걸린다. 페리에서 내린 다음 안내판을 따라 이동하여 간단한 입국심사를 마치고 나오면 끝. 마카오에 대한 정보가 필요하다면 터미널 내에 위치한 관광안내소에서 문의하자. 영어로 의사소통이 원활하지 않을 수 있지만 관련 정보를 얻을 수 있다.

2. 베네치안 호텔 찾아가기
공항을 나오면 베네치안 호텔로 가는 직영 셔틀버스가 공항 앞에서 항시대기하고 있다(공항 입국장 앞에 파란색 버스, 수시 운행). 버스를 타고 10분 정도 가면 화려하고 엄청난 규모의 호텔들이 눈앞에 펼쳐져 있다.

3. 베네치안 호텔 살펴보기
베네치안 호텔은 드라마 〈꽃보다 남자〉의 배경지로도 유명하다. 지금은 코타이 스트립Cotai Strip의 대명사로 불릴 만큼 큰 규모를 자랑하고 있다. 중세 유럽의 성당과 같은 천장 위의 성화, 그리고 산타루치아를 부르며 노를 젓는 곤돌라 투어가 유명하다. 그리고 로비에서 바로 연결된 카지노는 수많은 관광객들을 이곳으로 불러들이고 있다.

4. 카지노 즐기기
마카오의 카지노에는 별도의 출입제한이 없다. 호텔 로비를 통해 걷다 보면 다양한 게임이 진행되고 있는 카지노의 한복판에 들어서 있는 것을 알 수 있다. 정신없이 돌아가는 게임 테이블을 지나 쇼핑몰로 올라가면 인공 베네치아가 호텔을 감싸고 있다.

Tip 코타이 스트립 Cotai Strip

베네치안Venetian, 시티 오브 드림City of Dreams, 갤럭시Galaxy, 코타이 센트럴Cotai Central이라는 초대형 호텔들이 거대한 블록을 만들고 있다. 이것을 '코타이 스트립'이라고 한다. 각각의 블록 안에는 1~3개의 리조트 또는 호텔과 쇼핑센터, 카지노, 레스토랑, 바가 들어서 있다.

상하이는 크게 푸시 지역과 푸둥 지역으로 나눌 수 있는데,
황푸 강을 사이에 두고 상하이의 과거와 현재가 나눠진다고도 할 수 있다.
1842년 아편전쟁에서 패한 중국은 상하이를 영국, 프랑스, 미국 등 열강들에게 개방하게 되었다.
푸시 지역에는 상하이의 옛 모습을 간직한 조계지租界地가 남아 있다.
반면 푸둥 지역은 아픈 과거를 떨쳐버리듯 급속도로 성장하고 있는 미래형 도시다.
상하이는 중국의 주요 공업기지 중 하나로 무역, 금융, 정보, 문화, 과학기술의 중심지가 되고 있다.

Shanghai

꼭 해봐야 할 리스트

상하이의 야경은 세계적으로 유명하다. 상하이의 야경은 다양한 곳에서 즐길 수 있다. 우선 '상하이의 명동'이라 불리는 난징동루를 걸으며 와이탄에서 동방명주를 배경으로 야경을 보자. 황푸 강 유람선을 타고 야경을 즐겨도 된다. 마지막으로 푸둥 지역의 빈강대도에서 과거의 상하이 모습을 살펴보자. 마천루 동방명주나 상하이 타워에서도 야경을 즐길 수도 있다. 중국 강남 최고의 정원을 보려면 예원으로 가자. 대한민국 임시정부청사가 있던 신천지는 필수코스

비즈니스 팁

상하이는 중국의 거대한 경제도시다. 상하이 사람들은 철저한 상인정신으로 무장되어 있다. 비즈니스에 대한 셈도 빠르지만 인생을 즐기는 여유도 많다. 유럽 스타일의 고급 레스토랑이 발달한 이유가 그것이다. 상하이 사람들은 중국 현지음식보다 스테이크, 디저트 문화를 즐기며 중국 술보다는 와인을 즐긴다. 상하이에서 비즈니스는 철저한 '기브 앤 테이크Give & Take'이다. 무엇을 주고받을지는 확실하게 구분해야 한다. 실리를 바탕으로 신뢰가 형성된다.

PART I
출장 준비하기

1 항공편 예약하기

상하이에는 푸둥浦东 국제공항과 홍차오虹桥 국제공항이 있다. 인천국제공항에서는 푸둥 국제공항으로, 김포공항에서는 홍차오 국제공항으로 운항하는 항공편이 많다. 상하이에는 푸둥 지역에 있는 상하이 신국제박람중심上海新国际博览中心, Shanghai New International Expo Center과 홍차우 지역에 있는 상하이 국제박람중심上海新国际博览中心, INTEX Shanghai이 있다. 규모가 큰 국제전시는 상하이 신국제박람중심 전시장에서 열린다.

국제전시장 이동

푸둥 국제공항에서 상하이 신국제박람중심 전시장까지는 약 30km 정도 떨어져 있고, 자기부상열차를 타면 약 20분 정도 소요된다. 홍차오 국제공항에서는 도심을 지나면 약 26km, 우회할 경우 38km 떨어진 곳에 있다. 대부분의 관광지가 푸둥 지역과 와이탄 지역에 밀집되어 있으므로 푸둥 국제공항을 이용하는 것을 추천한다.

도심 이동

푸둥 국제공항에서 난징둥루와 와이탄까지는 약 45km 정도 떨어져 있다. 자기부상열차와 지하철을 이용하면 약 60~70분 정도 소요된다. 동방명주东方明珠가 있는 루지아주이陆家嘴 주변 지역까지는 약 40km 떨어져 있다. 홍차오 국제공항에서 난징둥루와 와이탄까지는 약 20km 떨어져 있고 지하철로 약 50분 소요된다. 각 공항에서 도심까지의 거리는 다르지만 소요시간은 비슷하다.

2 비즈니스 호텔 예약하기

상하이만큼 호텔을 고르기 어려운 곳도 드물다. 푸시浦西 지역은 난징동루南京东路와 와이탄外滩 지역에, 푸동 지역은 루지아주이 일대에 비즈니스 호텔들이 집중되어 있다. 전시장과 비즈니스를 위해서는 푸동 지역이 좋지만, 가격이 만만치 않다. 푸시 지역은 관광지와는 가깝지만, 가격대비 시설이 낙후하여 선정하는 데 어려울 수 있다. 푸동 지역의 호텔들은 조기 예약률이 높으므로 사전예약을 하자. 체류기간 중 하루 정도는 푸시 지역의 와이탄, 난징동루 지역에 머무는 것도 좋다.

상하이 신국제박람중심 주변

전시장과 인접한 호텔은 5성급이며, 주변에 먹거리나 쇼핑몰이 연결되어 있어 이용하기 편리하지만 숙박비는 상대적으로 비싼 편이다. 사전에 예약을 하는 것이 좋다. 대부분 비즈니스를 위한 호텔들이 모여 있으며, 이외 여가시간을 활용하기에는 불편하다는 단점이 있다.

푸동 지역 주변

가장 인기가 많은 지역이다. 특히 루지아주이 역 주변에는 대표적인 호텔들이 모여 있다. 쇼핑몰과 먹거리 그리고 동방명주, 상하이 타워, 빈강대도滨江大道 등이 연계되어 있다. 관광지 이동 동선을 고려하면 최적의 장소다. 사전에 예약을 하지 않으면 가격이 계속 올라간다.

푸시 지역 주변

와이탄과 난징동루 역 주변에 고급 호텔들이 있다. 전시장으로 이동할 때는 불편한 위치다. 푸시 지역이나 홍차우 지역의 호텔은 오래된 호텔들이 많다. 특히, 한인타운이 있는 우중루吴中路에 머물 경우 전시장까지 교통비가 상당히 많이 든다. 출퇴근 시간에는 교통체증도 엄청나다.

추천 호텔 리스트

상하이에 출장을 다녀온다면 푸둥 지역의 호텔을 추천한다. 특히, 동방명주나 상하이 타워가 있는 루지아주이 역 주변에 비즈니스 호텔들이 많다. 상하이 인근 지역으로의 이동을 위해 푸시 지역에 머문다면 홍차우 국제공항 근처가 좋으며, 관광이 목적이라면 와이탄 또는 인민광장人民广场 역 주변을 추천한다.

Tip
인터넷을 통한 사전예약은 빠를수록 좋다. 지하철역과 근접한지 확인하자.
비슷한 조건이면 이동이 편리한 곳이 좋다. 상하이의 택시요금은 저렴한 편이다.

상하이 신국제박람중심 전시장 주변

케리 호텔 푸둥
上海浦东嘉里大酒店
Kerry Hotel Pudong, Shanghai (5성급)
Tel 21-6169-8886
Address 浦东花木路1388号
Access 지하철 7호선 화무루花木路 역 2번 출구에서 도보 3분

주메이라 히말라야호텔
上海卓美亚喜玛拉雅酒店
Jumeirah Himalayas Hotel Shanghai (5성급)
Tel 21-3858-0888
Address 浦东梅花路1108号
Access 지하철 7호선 화무루花木路 역 3번 출구에서 도보 3분

도르셋 호텔
上海帝盛酒店 | Dorsett Shanghai (4성급)
Tel 21-3852-2222
Address 浦东新区花木路800号
Access 지하철 2호선 스지궁위안世纪公园 역에서 도보 2분

푸둥 지역 주변

그랜드 하얏트 호텔
上海金茂君悦大酒店 | Grand Hyatt Shanghai (5성급)
Tel 21-5049-1234
Address 浦东新区世纪大道 88号 金茂大厦
Access 지하철 2호선 루지아주이陆家嘴 역 6번 출구에서 도보 5분

파크 하얏트
上海柏悦酒店 | Park Hyatt Shanghai (5성급)
Tel 21-6888-1234
Address 浦东新区世纪大道100号
Access 지하철 2호선 루지아주이陆家嘴 역 6번 출구에서 도보 5분

포시즌스 호텔 푸둥
上海浦东四季酒店
Four Seasons Shanghai Pudong (5성급)
Tel 21-2036-8888
Address 浦东世纪大道 210号
Access 지하철 2호선 둥창루东昌路 역 4번 출구에서 도보 5분

샹그릴라 호텔 푸둥
上海浦东香格里拉大酒店 | Pudong Shangri-La (5성급)
Tel 21-6882-8888
Address 浦东陆家嘴富城路33号
Access 지하철 2호선 루지아주이陆家嘴 역 2번 출구에서 도보 10분

오리엔탈 리버사이드 호텔
东方滨江大酒店 | Oriental Riverside Hotel (5성급)
Tel 21-5037-0000
Address 浦东滨江大道2727号
Access 지하철 2호선 루지아주이陆家嘴 역 1번 출구에서 도보 5분

더 리츠칼튼 호텔
上海浦东丽思卡尔顿酒店
The Ritz-Carlton Shanghai (5성급)
Tel 21-2020-1888
Address 浦东新区陆家嘴世纪大道8号, 上海国金中心
Access 지하철 2호선 루지아주이陆家嘴 역 6번 출구에서 도보 2분

국제금융센터 레지던스
国金汇 IFC Residence (5성급)
Tel 21-2033-8888
Address 浦东新区世纪大道8号 国金中心
Access 지하철 2호선 루지아주이陆家嘴 역 6번 출구에서 도보 3분

Shanghai 141

인터콘티넨털 호텔 푸둥
上海锦江汤臣洲际大酒店
Intercontinental Shanghai Pudong (5성급)
Tel   21-5835-6666
Address 浦东新区张扬路777号
Access 지하철 2호선 스지다다오 역
        12번 출구에서 도보 5분

그랜드 켐핀스키 호텔
上海凯宾斯基大酒店
Grand Kempinski Hotel Shanghai (5성급)
Tel   21-3867-8888
Address 浦东新区陆家嘴东路1288号
Access 지하철 2호선 루지아주이 역 1번 출구에서
        도보 10분

상하이 그랜드 퍼플 마운틴 호텔
紫金山大酒店 | Purple Mountain Hotel (4성급)
Tel   21-6886-8888
Address 浦东方路778号
Access 지하철 2호선 스지다다오 역
        12번 출구에서 도보 10분

올 시즌스 호텔
全季酒店 | All Season Hotel (4성급)
Tel   21-5835-5555
Address 浦东新区张扬路818号
Access 지하철 2호선 스지다다오 역
        12번 출구에서 도보 10분

바오안 호텔
宝安大酒店 | Bao'an Hotel (4성급)
Tel   21-8600-9099
Address 浦东新区东方路800号
Access 지하철 2호선 스지다다오 역
        12번 출구에서 도보 7분

슈프림 타워 호텔
明城大酒店 | Supreme Tower Hotel (4성급)
Tel   21-5831-1118
Address 浦东新区崂山路600号
Access 지하철 2호선 스지다다오 역
        12번 출구에서 도보 10분

통마오 호텔
上海通茂大酒店 | Tong Mao Hotel Shanghai (4성급)
Tel   21-5830-0000
Address 浦东新区松林路357号
Access 지하철 2호선 스지다다오 역
        6번 출구에서 도보 10분

코트야드 바이 메리어트 푸둥
上海济鲁万怡大酒店
Courtyard by Marriott Shanghai-Pudong (4성급)
Tel   21-6021-6888
Address 浦东新区东方路838号
Access 지하철 2호선 스지다다오 역
        12번 출구에서 도보 10분

홍타 호텔
上海红塔豪华精选酒店 | Hongta Hotel (3성급)
Tel   21-5050-4567
Address 浦东新区东方路889号
Access 지하철 2호선 스지다다오e 역
        12번 출구에서 도보 10분 또는
        6호선 푸디안루 1번 출구에서 도보 5분

홀리데이 인 푸둥
上海浦东假日酒店
Holiday inn Shanghai Pudong (3성급)
Tel   21-5830-6666
Address 浦东新区东方路899号
Access 지하철 6호선 푸디안루 역 1번 출구에서
        도보 3분

그랜드 솔룩스 종유 호텔
上海中油阳光大酒店
Grand Soluxe Zhongyou Hotel Shanghai (4성급)
Tel 21-6875-8888
Address 浦东新区东方路969号
Access 지하철 6호선 푸디안루浦电路 역 1번 출구에서 도보 3분

그린 가든 호텔
嘉瑞酒店 | Green Garden Hotel (3성급)
Tel 21-5081-2222
Address 浦东新区潍坊路328号
Access 지하철 2호선 스지다다오世纪大道 역 6번 출구에서 도보 10분

만다린 오리엔탈 호텔 푸동
上海浦东文华东方酒店
Mandarin Oriental Pundong (5성급)
Tel 21-2082-9888
Address 浦东新区浦东南路111号
Access 지하철 2호선 루지아주이陆家嘴 역 1번 출구에서 도보 10분

홍차우 국제공항 주변

상하이 메리어트 호텔 홍차오
上海万豪虹桥大酒店
Shanghai Marriott Hotel Hongqiao (5성급)
Tel 21-6010-6000
Address 长宁区虹桥路2270号
Access 지하철 10호선 롱시루龙溪路 역 3번 출구에서 도보 3분

디존 호텔
上海帝環丽致大酒店 | Dijon Hotel Shanghai (3성급)
Tel 21-5157-8888
Address 闵行区虹莘路3988号
Access 지하철 10호선 즈텅루紫藤路 역 3번 출구에서 도보 15분

와이탄 주변

페이몬트 피스 호텔
和平饭店 | Fairmont Peace Hotel (5성급)
Tel 21-6138-6888
Address 南京东路20号
Access 지하철 2호선, 10호선 난징둥루南京东路 역 7번 출구에서 도보 5분

애스터 하우스 호텔
上海浦江饭店 | Astor House Hotel (5성급)
Tel 21-6324-6388
Address 黄浦路15号
Access 지하철 12호선 커지커윈중신国际客运中心 역 3번 출구에서 도보 10분

하얏트 온 더 번드 호텔
上海外滩茂悦大酒店 | Hyatt on the Bund Hotel (5성급)
Tel 21-6393-1234
Address 黄浦路199号
Access 지하철 12호선 커지커윈중신国际客运中心 역 3번 출구에서 도보 10분

진장 퍼시픽 호텔
锦江金门大酒店 | Jin Jiang Pacific Hotel (4성급)
Tel 21-6327-6226
Address 南京西路108号
Access 지하철 1호선, 2호선, 8호선 인민광장人民广场 역 8번 출구와 인접

래디슨 블루 호텔 상하이 뉴 월드
上海新世界丽笙大酒店
Radisson Blue Hotel Shanghai (4성급)
Tel 21-6359-9999
Address 南京西路88号
Access 지하철 1호선, 2호선, 8호선 인민광장人民广场 역 7번 출구와 인접

JW 메리어트 상하이 앳 투모로우 스퀘어
上海明天广场 JW 万豪酒店
JW Marriott Hotel Shanghai at Tomorrow Square (5성급)
Tel 21-5359-4969
Address 黄浦区南京西路399号
Access 지하철 1호선, 2호선, 8호선 인민광장人民广场 역 11번 출구에서 도보 3분

3 비즈니스 여행 사전 확인사항

① 비자 필요여부 확인
중국은 비자발급이 필요한 국가다. 상업비자 또는 관광비자를 발급받아야 한다. 상업비자는 중국 회사의 초청장이 필요하다. 일반적으로 복수비자와 단수비자가 있다. 복수비자는 입국 횟수에 제한이 없지만 1년 이내에 최대 30일까지 체류할 수 있고, 단수비자의 경우 1회만 사용 가능하다. 관광비자의 경우 6개월에 2회 방문이 가능한 비자도 있다. 복수비자 발급은 최근 1년 이내에 3번 이상 중국을 방문해야 가능하다. 참조하자.

② 현금은 얼마나 환전해야 하나?
하루에 약 RMB500 정도 필요하다. 필요한 금액만 환전하고 약간의 미국 달러를 가지고 가자. 인민폐(RMB)의 경우 환차손실이 매우 크다. 미국 달러는 소액으로 준비하고, 달러는 호텔에서 환전할 수 있다.

③ 화폐와 환율
상하이는 중국 인민폐(人民币)를 사용한다. 보통은 위안元이라고 부르며, 표기는 RMB 또는 CNY로 한다. 통용되는 지폐는 元1, 元5, 元10, 元20, 元50, 元100이 있다.

④ 신용카드
국내 신용카드는 상하이를 포함하여 중국 대부분의 지역에서 사용할 수 없는 곳이 많다. 쇼핑을 하거나 식당에서 사용할 경우에는 반드시 국내 신용카드의 결제가능 여부를 확인해야 한다.

⑤ 날씨
상하이는 사계절이 뚜렷하고 일조량과 강수량이 풍부하다. 봄과 가을이 비교적 짧고 여름과 겨울이 길다. 복장은 한국과 비슷하게 입고 가면 된다. 여름에는 습기가 많아 덥고, 겨울에는 바람이 많이 불고 비가 자주 내린다. 상하이를 여행하기 좋은 달은 5월과 10월이다.

⑥ 시차
우리나라보다 1시간 느리다.

⑦ 전원
전원은 220V지만 전원 플러그가 3구 형태다. 대부분 호텔은 2구와 3구 겸용 플러그를 사용하고 있다. 멀티 플러그를 준비해가자(호텔에서 대여 가능).

> **Tip**
> 1. 호텔이나 쇼핑몰의 냉난방으로 감기에 걸리기 쉽다. 준비할 비상약품에 종합감기약은 필수. 참고로 중국의 감기약은 한국인에게 거의 맞지 않는다.
> 2. 상하이는 대부분의 관광지가 지하철과 연계되어 있다. 하지만 도보를 자주 하는 만큼 편안한 신발이 필수다. 편안한 운동화를 준비하자.
> 3. 데이터 로밍 신청은 출국 전 공항에서 한다. 중국의 와이파이는 속도가 매우 느리다. 사진을 업로드하거나 다운로드할 경우 상당한 인내가 필요하다.

PART 2
상하이 도심 들어가기

푸둥 국제공항에서 도심까지 자기부상열차上海磁浮列车와 공항버스, 그리고 택시와 지하철로 이동할 수 있다. 자기부상열차로 룽양루龙阳路 역까지 이동해서 지하철로 환승하여 목적지까지 이동하는 것을 추천한다. 다른 교통편에 비하여 30분 정도의 시간을 아낄 수 있다. 홍차우 국제공항에서 도심으로 이동할 때는 공항버스나 지하철을 추천한다. 홍차우 국제공항에서 난징둥루나 푸둥 지역으로 이동하는 구간은 항상 교통체증이 심한 곳이다. 만일 2~3명 일행이 있다면 택시를 이용하는 것도 좋다.

추천1 자기부상열차

푸둥 국제공항에서 지하철 2호선 룽양루 역까지 연결되는 자기부상열차를 이용하자. 룽양루 역에 도착하면 2호선 지하철로 갈아타 호텔 또는 목적지에서 가까운 역으로 이동한다(15~20분 간격/편도 元50).

추천2 공항버스

푸둥 국제공항에서 도심으로 들어가는 공항버스 노선은 총 8개가 있다. 3호선을 타면 약 40분 정도 소요되며, 요금은 元16이다. 공항버스는 배차시간이 15~30분 정도이며, 밤 11시 이후에는 야간버스가 30분마다 운행하고 있다(비행기 이착륙이 종료될 때까지 운행).

- **1번** 푸둥 국제공항 → 홍차우 국제공항(15~25분 간격/약 50분/元30)
- **2번** 푸둥 국제공항 → 상하이 도심 에어 터미널(15~25분 간격/약 70분/元19)
- **3번** 푸둥 국제공항 → 룽양루 역/다푸打浦 교/인허 호텔
  (15~20분 간격/약 90분/元2~20)
- **4번** 푸둥 국제공항 → 더핑루德平路 역/우쟈오창五角场 역/홍커우 축구장
  (20분 간격/약 80분/元2~18)
- **5번** 푸둥 국제공항 → 푸둥따오浦东大道/동팡东方 병원/상하이 기차역
  (20분 간격/약 80분/元2~18)
- **6번** 푸둥 국제공항 → 즈진샨 호텔/동팡루/쭝샨中山 공원
  (20~30분 간격/약 80분/元2~18)
- **7번** 푸둥 국제공항 → 상하이 남기차역(30분 간격/약 70분/元20)
- **8번** 푸둥 국제공항 → 난후이南汇 버스터미널(30분 간격/약 60분/元2~16)

PART 3
국제전시장 찾아가는 길

도심으로 들어가는 교통편은 자기부상열차와 택시, 지하철 또는 공항버스가 있다. 이 중에서 상하이만의 독특한 교통수단인 자기부상열차를 타고 전시장이나 도심으로 가는 방법을 먼저 소개하도록 한다.

찾아가기1 푸둥 국제공항 → 상하이 신국제박람중심 전시장

추천1 자기부상열차
푸둥 국제공항에서 지하철 2호선 룽양루龍陽路 역을 오가는 자기부상열차는 최초의 상업용 열차다. 룽양루 역에서 푸둥 국제공항까지 약 32km 구간을 최저 시속 300km, 최고 시속 430km로 약 8분여 만에 주파한다. 룽양루 역에 도착하면 2호선 전철로 갈아타 화무루花木路 역에서 하차한다.

> 룽양루龍陽路 역 출발(06:45~21:40),
> 푸둥 국제공항 출발(07:02~21:42)
> 15~20분 간격/편도 元50(당일 항공권 제시 시 元40), 왕복 元80(7일 이내)

추천2 택시
소요시간은 30~40분이며, 요금은 대략 元90~100이다. 2인 이상 추천.

추천3 지하철
푸둥 국제공항에서 지하철 2호선을 타고 룽양루 역까지 이동한 뒤 7호선으로 갈아타서 화무루 역에서 하차한다(약 40분/元6).

찾아가기2 홍차오 국제공항 → 상하이 신국제박람중심 전시장

추천1 택시
소요시간은 30~40분이며, 요금은 대략 元100~120이다.
2인 이상일 경우 추천.

추천2 지하철
지하철 2호선을 타고 홍차오 국제공항에서 룽양루 역까지 이동한 이후 7호선으로 갈아타 화무루 역에서 하차한다(약 40분/元6).

자기부상열차

택시

지하철

Tip 지하철 이용하기
상하이의 관광명소는 황푸 강을 중심으로 모여 있다. 상하이의 지하철은 총 16개 노선으로 도심 곳곳을 연결하고 있다. 전철을 이용하는 방법은 한국과 유사하다. 모든 지하철역 입구에서 보안검사를 한다. 지하철역의 모든 안내판과 안내방송은 중국어와 영어로 되어 있다.

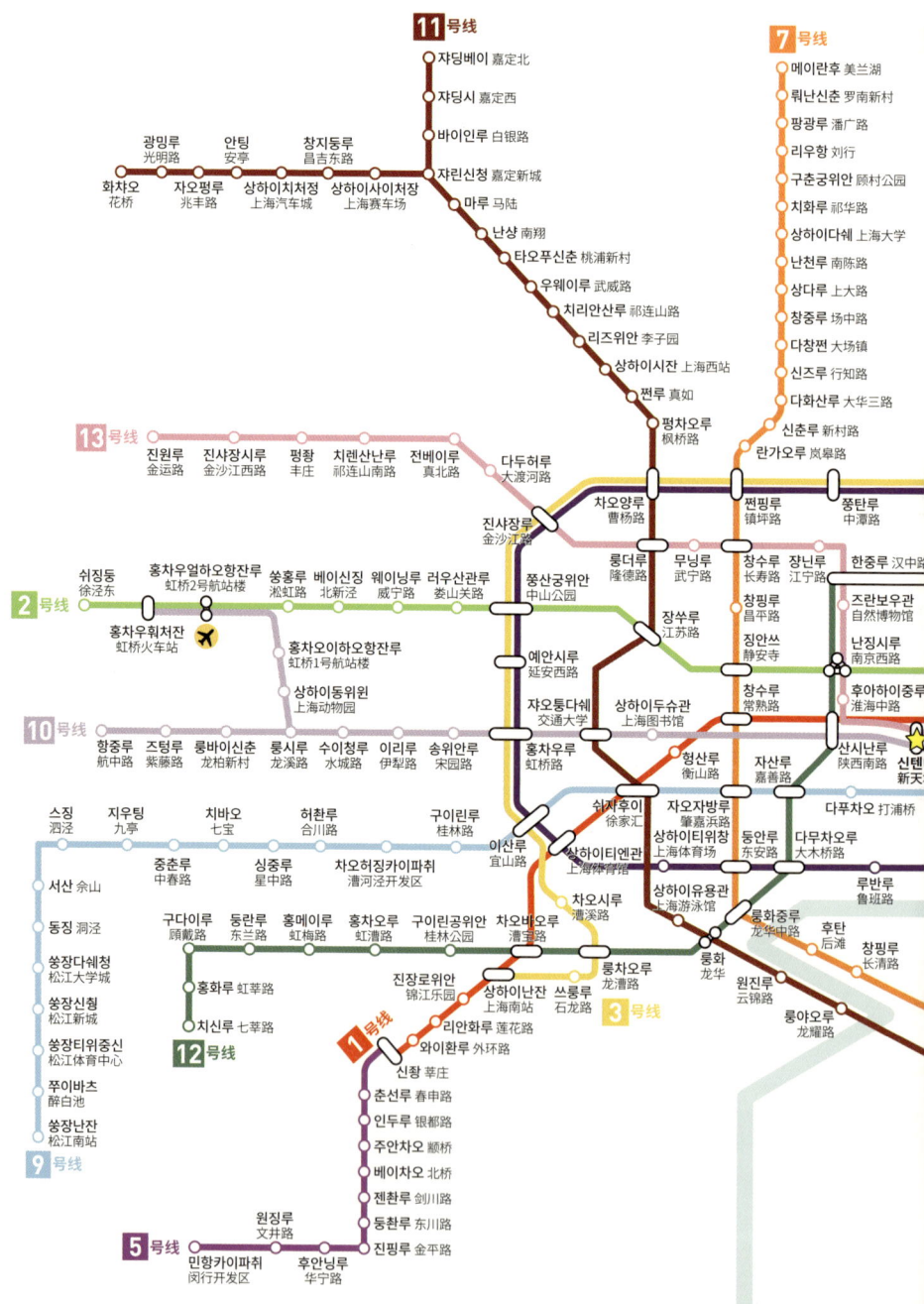

상하이 지하철 노선도

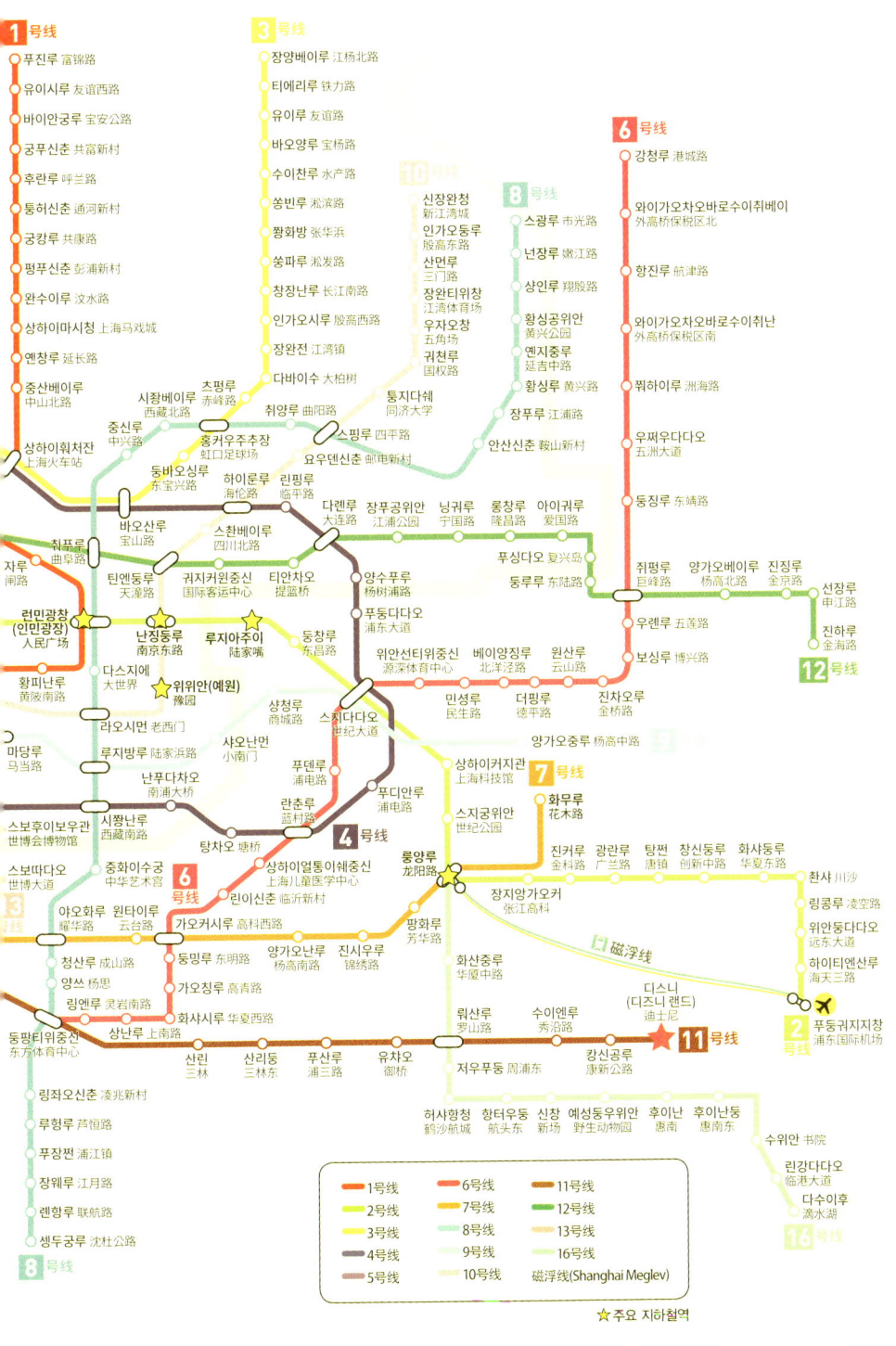

PART 4
상하이 관광코스

상하이가 새롭게 뜨고 있다. 기존에는 난징동루와 와이탄의 야경, 동방명주 또는 상하이 타워 등 고층 전망대, 예원豫園과 신천지新天地 등이 주요 관광지였다. 하지만 최근에 디즈니 랜드와 상하이 자연박물관이 오픈하면서 가족여행지로 각광받고 있다. 비즈니스 여행은 황푸 강과 인민광장 주변을 소개하고자 한다.

상하이 더욱 재밌게 즐기기

상하이의 관광 제1번지는 난징동루와 와이탄이다. 시작점은 인민광장이다. 광장에는 상하이 박물관上海博物馆, 당대예술관上海当代艺术馆, 대극원上海大劇院 등이 모여 있다. 인근에는 상하이 자연박물관上海自然博物馆도 있다. 해가 지면 난징동루 보행자 거리에 화려한 네온사인이 불을 밝히기 시작한다. 상하이가 아름다워지는 순간이다. 와이탄에서 푸둥 지역의 아름다운 스카이라인을 즐기자. 와이탄의 야경은 돛배를 타고 선상 위에서 즐길 수도 있다.

중국 강남의 대표적인 정원을 옮겨다 놓은 예원. 예원 앞 연못 안에 있는 호심정湖心亭 2층에 올라 차 한 잔을 즐겨보자. 호심정의 유명세가 부담스럽다면 근처의 노상하이차관老上海茶馆에서 쉬어 가자. 2층 창문 밖으로 상하이의 정취를 느낄 수 있다. 구곡교 앞에는 소룡포로 유명한 난샹 만두점南翔饅头店이 있지만 사람이 많으니 추천하지 않는다. 예원상가 안에는 많은 상점들이 있지만 살 만한 물건은 없다. 예원의 야경은 반드시 봐야 한다. 해가 지고 제비꼬리 기와지붕에 불이 들어오면 또 다른 예원의 아름다움을 느낄 수 있다. 지하철 10호선 예원 역에서 한 정류장 떨어진 신천지에는 대한민국 임시정부청사가 있다.

핵심코스 01

난징동루 (南京东路)

난징동루 | nánjīng dōnglù

난징동루는 보행자의 천국이다. 인민광장 역 앞 신세계新世界 백화점부터 와이탄까지 약 2km의 거리이다. 난징동루를 운행하는 코끼리 열차가 관광객들의 사랑을 받고 있다(편도 元5/1인). 주변에는 대형 백화점과 쇼핑몰, 호텔 등이 모여 있다. 대표적인 쇼핑몰로는 상하이 도시계획 전시관 맞은편의 래플스 시티Raffles City와 난징동루의 명소인 신세계 백화점, 그리고 상하이 최대 백화점인 브릴리언스 스마오 인터내셔널 플라자百联世茂国际广场 등이 있다.

◉ 상하이 신국제박람중심 전시장에서 찾아가기

지하철 7호선 화무루 역에서 룽양루 역까지 이동, 지하철 2호선으로 환승하여 인민광장 역에서 하차한다. 난징동루 보행자 거리 방향 6, 7, 19번 출구로 나가면 서쪽 기점으로 연결된다. 지하철 2호선 또는 10호선을 타고 난징동루 역 2, 3번 출구로 나오면 보행자 거리 동쪽으로 연결된다.

Tip

난징동루는 늦은 오후나 해 지는 저녁 시간에 방문하자. 밤이 되면 화려하게 빛나는 네온사인으로 아름다운 거리로 변신하기 때문이다. 보행자 거리 양쪽 대리석 위에 쓰인 '난징루 부싱제南京路步行街'는 장쩌민江泽民 주석의 친필이다.

Open 24시간(상점 10:00~22:00)
Cost 무료
Address 黄浦区南京路步行街
Access 지하철 2호선, 10호선 난징둥루南京东路 역 또는 지하철 1호선, 2호선, 8호선의 인민광장人民广场 역 19번 출구와 연결

핵심코스 02

와이탄 (外滩)
와이탄 | wàitān

'번드 Bund'라고 불리는 와이탄은 아편전쟁으로 강제 개항된 역사의 현장이다. 서구의 열강들이 착취한 물건을 손쉽게 본국으로 보내기 위해 세워진 은행과 유흥시설들이 지금의 모습으로 변했다. 와이탄에는 '세계의 건축 박물관'이라 부를 수 있을 만큼 독특하고 화려한 건물들이 많다. 밤이 되면 더욱 화려하고 웅장해진 와이탄을 보기 위해 많은 관광객들이 밤마다 이곳을 찾는다.

난징둥루에서 찾아가기
지하철 2호선, 10호선 난징둥루 역에서 하차 후 도보로 이동(10분) 또는 난징둥루 보행자 거리에서 직진한다.

Tip
황푸 강 아래로 와이탄과 푸둥 지역을 이어주는 와이탄 관광터널外滩观光隧道을 이용해보자. 화려한 레이저 쇼가 펼쳐진다 (운행시간 08:00~22:00, 요금 편도 元50, 왕복 元70).

Open 24시간(상점 10:00~22:00, 점등 3·4월 19:00~22:00, 11월~2월 19:00~21:00)
Cost 무료
Address 黄浦区中山东一路

핵심코스 03

대한민국 임시정부청사 (大韩民国临时政府旧址)

따한민궈 린스쩡푸 | dàhánmínguó línshízhèngfǔ

대한민국 임시정부청사는 신천지 근처에 위치해 있다. 낡은 건물 1층에서 임시정부청사의 설립 배경과 그동안의 과정을 동영상으로 보여준다. 건물 입구에 태극 문양이 걸려 있다. 임시정부청사라고 하기에는 너무나 작고 초라하다. 이곳은 1926년부터 1932년까지 사용했던 곳이다. 건물 안에는 당시 모습을 재현한 사무용품과 주요 인사들의 사진과 태극기가 전시되어 있다.

Tip
중국 항저우杭州, 닝보宁波, 하이옌海盐 등에 한국 역사 유적지가 남아 있다. 당시 상하이는 우리나라 독립운동가들이 활동하던 주요 지역으로, 열강들의 조계지가 있어 일본의 간섭에서 벗어나 활동할 수 있었다.

Open 09:00~11:30, 13:30~17:00
        (월요일 09:00~12:30 휴관)
Cost   元20
        (관람객 여권 및 신분증 제시)
Address 马当路306弄1号
Web   dh.luwan.sh.cn

상하이 자연박물관에서 찾아가기

지하철 13호선 자연박물관自然博物馆 역에서 신천지新天地 역으로 이동한다(10분/元3). 6번 출구에서 왼편으로 약 100m 거리에 위치해 있다.

핵심코스 04

상하이의 마천루 살펴보기

푸둥 지역에는 독특한 디자인의 고층 빌딩이 많다. 주삿바늘 모양의 동방명주, 병따개 모양의 상하이 세계금융센터, 토네이도 모양의 상하이 타워 등이다. 각 빌딩에는 고층 전망대가 있어 황푸 강을 사이에 두고 푸둥과 푸시 지역의 아름다운 전경을 즐길 수가 있다. 그렇지만 비싼 이용료로 모든 전망대를 가기 어려울 수 있다. 만일 한 곳을 간다면 어디를 가는 것이 좋을까?

한 곳을 선택한다면 각자가 보고 싶은 곳에 맞게 선택해야 한다. 황푸 강과 와이탄의 전망과 함께 세계 초고층 건물을 함께 보고 싶다면 동방명주를, 와이탄을 중심으로 상하이의 전경을 보고 싶다면 진마오 빌딩을, 유리로 된 통로를 통해 상하이의 하늘을 걷고 싶다면 상하이 세계금융센터를, 세계에서 가장 높은 곳에 올라가보고 싶다면 상하이 타워를 선택하는 것이 좋다. 상하이 타워에 올라가면 동방명주와 와이탄이 아래로 조그맣게 깔려 있는 것을 보게 된다.

Shanghai

Spot 1 동방명주 東方明珠
동팡밍주 | dōngfāngmíngzhū

동방명주는 1994년 완공 당시 총 높이가 468m의 TV 송신탑이었다. 동방명주를 상징하는 분홍빛의 거대한 3개의 구체를 포함하여 11개의 크고 작은 진주 형태로 건축되었다. 동방명주는 크게 3개의 전망대를 가지고 있다. 지면으로부터 90m 지점에 샤치우티下球体 전망대, 259m 지점에 샹치우티上球体 전망대, 351m 지점에 타이콩창太空舱 전망대가 있다. 타이콩창 전망대에 오르면 황푸 강이 한눈에 들어온다. 샹치우티 전망대와 타이콩창 전망대에 가려면 'A티켓'을 사야한다. 참고로 'B티켓'은 샹치우티 전망대만 이용 가능하다.

Tip
샹치우티 전망대에는 투명바닥과 아시아 최고의 공중회전식 식당이 있다. 1층에 있는 상하이 도시역사박물관은 입장료에 포함되어 있다. 근대사의 수많은 사건을 겪어 온 상하이의 역사를 재현해놓은 박물관이다.

- **Open** 08:30~21:30
- **Cost** A티켓 元220
 (샤치우티 전망대+샹치우티 전망대+태공창 전망대+상하이 도시역사박물관),
 B티켓 元160
 (샤치우티 전망대+샹치우티 전망대+상하이 도시역사박물관)
- **Address** 浦东新区世纪大道1号
- **Access** 지하철 2호선 루지아주이陆家嘴 역 1번 출구에서 건너편
- **Web** www.orientalpearltower.com

Spot 2 진마오 빌딩 金茂大厦
진마오따샤 | jīnmàodàshà

2008년 상하이 세계금융센터가 완공되기 전에는 세계에서 네 번째로 높은 건물이었다(420m). 88층에 88호라는 주소까지 수많은 '8'로 이루어진 건물로 유명하다. 중국인에게 숫자 '8'은 재물을 상징한다. 세상의 모든 재물을 불러들이겠다는 의지가 담겨 있는 건물이다. 상하이 타워와 상하이 세계금융센터가 세워지기 전에는 많은 사랑을 받던 곳이다. 진마오 빌딩 53층부터 87층은 그랜드 하얏트 상하이 호텔이 입주하고 있다. 전망대는 꼭대기층인 88층에 있다. 건물의 높이로는 다른 빌딩에게 밀렸지만, 와이탄의 아름다운 풍경을 즐기기에는 부족함이 없다. 다른 고층건물의 간섭 없이 와이탄을 배경으로 황푸 강과 동방명주가 한눈에 펼쳐지기 때문이다.

- **Open** 08:30~20:30
- **Cost** 元120
- **Address** 浦东新区世纪大道88号
- **Access** 지하철 2호선 루지아주이陆家嘴 역 6번 출구에서 도보 5분
- **Web** www.jinmao88.com

Spot 3 상하이 세계금융센터 上海环球金融中心

상하이 환치우진롱중신 | Shànghǎi huánqiú jīnróng zhōngxīn

2008년 완공된 상하이 세계금융센터는 높이 492m로 3개의 전망대를 가지고 있다. 94층, 97층 그리고 100층에서 상하이의 아름다운 풍광을 즐길 수 있다. 상하이 세계금융센터는 건물 꼭대기 모양이 병따개와 닮아서 '병따개 건물'이라고도 부른다. 일본계 부동산 전문회사 모리 그룹이 소유하고 있다. 지하 2층에서 3층까지는 전문 식당가로, 많은 관광객들과 비즈니스맨들이 방문하고 있다. 73층부터 93층은 최고급 호텔인 파크 하얏트 호텔이 들어서 있다. 특히, 474m에 있는 100층 전망대는 바닥부터 천장까지 통유리로 되어 있다. 이곳에 있다 보면 마치 상하이의 하늘에서 걷고 있는 느낌이 든다. 노을이 지는 시간에 방문하면 환상적인 상하이의 야경을 즐길 수 있다.

Open 08:00~23:00
Cost 元180(94층 전망대+97층 전망대+100층 전망대), 元120(94층 전망대)
Address 浦东新区世纪大道 100号
Access 지하철 2호선 루지아주이陆家嘴 역 3번 출구 또는 2호선 둥창루东昌路 역 4번 출구에서 도보 15분
Web www.swfc-observatory.com

Shanghai   155

Spot 4) 상하이 타워 上海中心大厦

상하이중신다샤 | shànghǎizhōngxīndàshà

와이탄에서 보이던 상하이의 스카이 라인이 변했다. 상하이 마천루의 최고봉인 상하이 타워가 완공되었다(2015년). 높이 632m로 세계에서 두 번째로 높은 건물이다. 동방명주(1994년)와 진마오 빌딩(1998년)에서 병따개 모양의 상하이 세계금융센터(2008년)로 전망대가 옮겨간 지 7년 만이다. 상하이 세계금융센터는 높이 492m로 상하이에서 두 번째로 높은 건물로 물러섰다. 상하이 타워는 승천하는 용의 형상을 따온 360도 비틀린 디자인이다. 마치 토네이도와 같이 하늘로 치솟는 형상을 가진 상하이 타워는 순수한 중국 자본으로 세운 건물이므로 중국인들에게 의미가 있는 건축물이다. 중국 최고의 초고층 전망대는 118층에 있다. 전망대에 오르면 발아래로 상하이가 펼쳐져 있다.

Open   08:30~21:30
Cost   元180
Address 浦东新区 陆家嘴环路 479号
Access 지하철 2호선 루지아주이陆家嘴 역 1, 6번 출구에서 도보 10분
Web   www.shanghaitower.com

추천코스 01

예원 (豫园)
위위안 | yùyuán

Open	08:30~17:30(5월~10월), 08:30~17:00(11월~4월)
Cost	元40(4월~6월, 9월~11월), 元30(7·8월, 12월~3월)
Address	黄浦区安仁街218号
Web	www.yugarden.com

Tip
예원을 방문하려면 오전보다 한가한 오후 시간이 좋다. 늦가을 또는 겨울에는 일몰 시각을 감안하여 해 질 녘부터 불 켜진 호심정과 예원 상가의 멋진 야경도 함께 보자.

예원은 상하이에서 가장 중국다운 모습을 간직한 곳이다. 마치 제비 꼬리와 같은 기와지붕, 아기자기한 정원과 연못, 100년 전의 거리 예원 상가豫園商城의 모습은 그 자체만으로도 충분히 매력적이다. 예원은 400년 전 명나라 관료였던 반윤단潘允端이 아버지의 안락한 노후를 위해 20여 년에 걸쳐 만든 곳이다. 하지만 명, 청나라 때에 예원은 없어졌다. 아편전쟁 당시 상하이를 점령한 영국군에 의해 약탈당하고, 이후 태평천국군군太平天国军队의 군사기지로 사용되다가 청나라 관군에 의해 파괴되었기 때문이다. 이후 대대적으로 복구된 예원은 과거의 화려한 모습은 축소되었지만 중국 강남 최고의 정원의 멋과 운치를 느낄 수 있다.

Shanghai 157

구곡교 (九曲桥)   주취차오 | jiǔ qū qiáo

구곡교는 다리가 아홉 번이나 꺾여서 붙여진 이름이다. 전설에 의하면 반씨 일가에게 억울한 죽임을 당한 사람들이 강시가 되어 나타날 것을 두려워하여 만들었다고 한다. 다리가 꺾이는 곳곳마다 서로 다른 각도의 풍경을 사진에 담을 수 있다. 구곡교 한가운데 있는 아름다운 정자 호심정湖心亭을 배경으로 인증사진은 필수.

양산당 (仰山堂)   양산탕 | yǎng shān táng

제비 꼬리처럼 하늘로 치솟은 처마와 지붕이 아름다운 곳으로 예원을 대표하는 건물 중 하나다. 인공호수와 점입가경을 두고 대가산大假山을 마주 볼 수 있는 양산당은 예원의 멋진 풍경을 감상할 수 있는 곳이며, 가장 인기가 많은 포토존이다.

삼수당 (三穗堂)   싼쑤이탕 | sān suì táng

삼수당은 예원에서 가장 오래된 건물로, 철과 못을 사용하지 않은 것으로도 유명하다. 예원의 주요 건축물로 큰 행사나 의례를 여는 장소로 사용된 곳이다. 내부에 걸린 편액 3개는 건물명과 무관하며 주인이 3번 바뀐 것을 짐작하게 해준다.

점입가경 (渐入佳境) 　젠루자징 | jiàn rù jiā jìng

'들어가면 들어갈수록 경치가 점점 아름다워진다'는 뜻으로 회랑을 지나면서 예원의 진정한 아름다움을 볼 수 있다.

만화루 (万花楼) 　완화러우 | wàn huā lóu

건설 당시의 이름은 '화신각'이었는데 복원되면서 이름이 바뀌었다. 봄에는 만 송이 꽃이 핀다는 이름처럼 주변이 매우 아름답다. 특히, 만화루 앞에 있는 400년 된 은행나무는 반윤단이 직접 심은 것이다.

점춘당 (点春堂) 　뎬춘탕 | diǎn chūn táng

점춘点春은 소동파의 시구에서 따온 것으로 '봄에 점을 찍는다'는 뜻이다. 다른 뜻으로는 반윤단이 아버지의 회춘을 위해 동침할 여자를 간택하는 곳으로 이용되었다고 한다.

대가산 (大假山) 　다자산 | dà jiǎ shān

양산당 맞은편의 돌을 쌓아 올린 인공산이다. 예원이 파손되는 과정 속에서 원형이 가장 잘 보존된 유적으로, 정상에서 강을 내려다본다는 뜻을 가진 '망강정望江亭'이 있다.

타창대 (打唱台) 　다창타이 | dǎ chàng tái

점춘당 앞에 있는 타창대는 노래를 부르는 무대라는 뜻을 지니고 있다. 주로 연회장이나 경극京剧을 보기 위해 사용하던 무대였다.

용벽(龙壁) 롱비 | long bì

점춘당과 타창대 그리고 화후당으로 가는 담장 위에는 진흙과 기와로 만들어진 용이 올라와 있다. 이러한 용벽은 예원에만 있는 독특한 건축물로, 금방이라도 하늘로 올라갈 듯한 역동적인 용의 모습이 인상적이다. 예원에는 총 4개의 용벽이 있으니 천천히 찾아보자.

Tip
중국에서 용 문양은 황제만이 사용할 수 있었다. 개인이 사용한다는 것은 황제의 권위에 대한 도전과도 같아 반역죄로 처형을 당했다. 담장에 용 문양을 사용했다는 이유로 황제에게 불려간 반윤단은 "용의 발톱은 5개이지만, 소신의 집에 있는 짐승은 발톱이 3개인 이무기일 뿐입니다."라고 답변을 해 목숨을 유지할 수 있었다.

회경루(会景楼) 후이징러우 | huì jǐng lóu

예원의 중심, 회경루는 예원 안에 있는 또 다른 예원이다. 지금까지의 예원이 건물 중심이었다면 회경루에는 인공연못과 정자, 기암괴석 및 운치 있는 건물들이 하나의 공간에서 멋진 풍경으로 자리하고 있다.

내원(內园) 나이위안 | nèi yuán

환룡교를 건너 커다란 돌사자가 있는 문으로 나가면 전혀 다른 분위기의 정원이 있다. 이 부속 정원에는 돌사자 상과 용벽도 있다. 환운루还云楼를 지나면 멋진 무대를 갖춘 고희대古戏台가 있는데, 이곳은 반윤단이 경극을 감상하던 곳이다.

추천코스 02

상하이 박물관 (上海博物馆)

상하이보우관 | shànghǎi bówùguǎn

상하이 박물관은 베이징, 시안西安, 난징南京과 함께 중국 4대 박물관 중 하나다. 상하이 박물관은 상하이의 역사를 담은 곳이기도 하지만 건축 디자인 또한 '하늘은 둥글고 땅은 네모나다'는 천원지방天圓地方 사상을 토대로 만들어졌다. 지하 1층, 지상 4층으로 건축되어 귀중한 유물들이 12개의 주제로 나뉘어 약 12만 점이 전시되어 있다.

📍 상하이 신국제박람중심 전시장에서 찾아가기

상하이 신국제박람회중심 전시장 N1관에서 2호선 룽양루 역까지 이동(도보 10분) 또는 전시장 N5관 출구로 나가면 지하철 7호선 화무루 역 2번 출구와 연결된다(도보 5분). 이후 룽양루 역에서 2호선으로 갈아타고 인민광장 역에서 하차, 1번 출구로 나가서 도보로 이동한다(500m/약 5분).

📍 예원에서 찾아가기

예원에서 나와서 푸유루福佑路를 따라 왼쪽으로 직진하면 지하철 10호선 예원 역이 나온다. 난징둥루 역에서 2호선으로 환승해 인민광장 역에서 하차한다.

Tip
1. 상하이 박물관은 연대별로 체계적인 전시와 함께 이해를 도와주는 자료가 비치되어 있다. 무료입장에 사진도 찍을 수 있다(플래시 사용금지).
2. 짐은 1층 보관함에 맡길 수 있고, 한국어 오디오 가이드를 대여할 수 있다. 하루에 입장 인원을 제한하므로 평일 오전에 방문하는 것이 좋다.

Open 연중무휴, 09:00~17:00
(16:00 이후 입장 불가)
Cost 무료
Adress 黄浦区人民大道201号
(近武胜路)

신천지 (新天地)

신톈디 | xīntiāndì

상하이의 가장 전통적인 모습을 보고 싶다면, 그리고 고층빌딩 숲을 벗어나 분위기 좋은 카페나 레스토랑 그리고 바를 찾는다면, 상하이의 작은 유럽인 신천지로 가자. 신천지에는 예쁜 유럽풍의 건축물들이 낮과 밤을 아름답게 만들고 있다. 상하이만의 독특한 건축양식인 석고문石庫門, 스쿠먼 가옥에 유명한 상점과 레스토랑들이 들어와 현대적으로 변했다. 신천지에는 여러 나라의 음식을 맛볼 수 있는 레스토랑이 많다. 그중에서도 대만의 대표적인 레스토랑 딘타이펑鼎泰丰이 상하이 신천지 건물 2층에 자리하고 있다. 갤러리와 세련된 쇼핑몰들이 자리하고 있어 쇼핑하기도 편리하다.

대한민국 임시정부청사에서 찾아가기

임시정부청사에서 나와 왼쪽으로 500m 직진하면 신천지의 대표적인 만남의 장소인 스타벅스가 있다(500m/도보 10분).

Address 黄浦区新天地兴业路 123弄号
Web www.xintiandi.com

추천코스 04

빈강대도 (滨江大道)
빈장다다오 | bīnjiāngdàdào

상하이 최고의 야경 스폿은 와이탄에서 바라보는 푸둥 지역이다. 하지만 와이탄의 아름다운 건축물을 한눈에 볼 수 있는 곳은 푸둥 지역의 빈강대도다. 빈강대도는 황푸 강변을 끼고 형성된 산책로이다. 강변으로 나 있는 길을 따라 산책하면 와이탄의 멋진 야경을 함께 감상할 수 있다. 또한 강변을 따라 예쁜 카페와 바 그리고 레스토랑들이 모여 있어 편안하게 식사를 하면서 야경을 즐길 수 있다.

신천지에서 찾아가기
지하철 10호선 신천지 역에서 난징둥루 역까지 이동, 2호선으로 갈아타 루지아주이 역에서 하차. 1번 출구로 나가서 이동한다 (750m/도보 15분). 또는 지하철 2호선 루지아주이 역 1번 출구에서 도보 15분.

Tip
샹그릴라 호텔 뒤편에 야경을 감상할 수 있는 포인트가 있다. 호텔 후문과 연결된 이곳은 다른 곳에 비해 다소 한적하게 와이탄을 감상할 수 있다. 주변에는 스타벅스, 이탈리안 레스토랑, 독일 맥주 하우스, 망고빙수 가게 등이 있다.

Adress 浦东新区滨江大道
Open 동절기 05:00~23:00,
하절기 05:00~00:00

선택코스 01

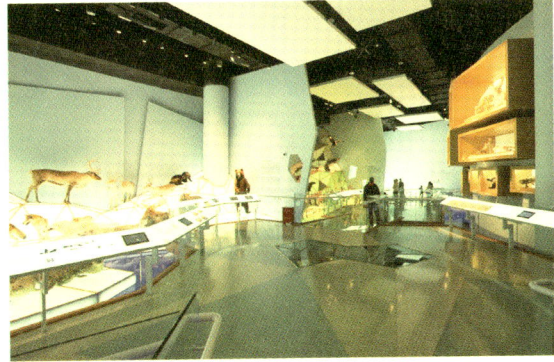

상하이 자연박물관 (上海自然博物馆)
상하이즈란보우관 | Shànghǎi zìránbówùguǎn

중국 최대 자연박물관 '상하이 자연박물관'이 2015년 새롭게 문을 열었다. 둥근 나선형의 독특한 자연박물관이 징안 조각공원과 잘 어울린다. 1957년 쓰촨四川성에서 발견된 쥐라기 시대의 공룡 마멘키사우루스(길이 22m, 높이 3.5m)를 포함하여 고생물학, 식물학, 동물학, 인류학, 지질학 및 천문학까지 총 26만여 점을 갖춘 세계적인 자연박물관이다. 체계적인 관람동선을 따라 지상에서 지하 2층까지 관람할 수 있다. 웅장한 규모와 생동감 넘치는 전시 표본은 마치 살아있는 동물 도감과 같다. 상하이 디즈니 랜드와 더불어 아이들과 함께 여행할 만한 관광명소로 추천한다.

📍 상하이 박물관에서 찾아가기
지하철 1호선 인민광장 역에서 한중루汉中路 역에서 13호선으로 환승, 자연박물관 역에서 하차 후 1번 출구로 나간다.

Open 09:00~17:15 (입장 15:30까지 매주 월요일 휴관)
Cost 元30
Address 静安区北京西路510号

PART 5
상하이의 먹거리

추천 1 따자씨예大閘蟹

새끼줄로 꽁꽁 묶은 털게 요리는 상하이의 대표음식이다. 보통 10월부터 11월이 제철이다. 중추절 같은 명절에 손님을 대접하기 위해 내놓는 고급음식이다. 별도의 양념 없이 쪄서 먹거나 간장식초에 찍어서 먹는 것이 제일 맛있다.

추천 2 마라룽샤麻辣龙虾

상하이의 여름은 샤오룽샤下龙虾로 시작된다. 샤오룽샤는 민물가재 찜이다. 매콤한 마라 양념에 민물가재를 볶은 요리가 바로 '마라룽샤'인데 한여름에 시원한 맥주와 함께 마시면 환상적이다. 비닐장갑을 끼고 딱딱한 껍질을 까는 수고에 비해 먹을 것은 별로 없다는 게 유일한 단점.

추천 3 소룡포小龙包. 샤오롱빠오

딘타이펑으로 인해 전 세계에 알려진 소룡포는 상하이가 원조라 할 수 있다. 진한 육즙이 툭 터지는 만두 샤오롱빠오의 시작은 상하이의 난샹 만두점이다. 그리고 샤오롱빠오를 기름에 튀긴 육즙 튀김 만두 셩찌엔生煎도 맛보자.

추천 4 훠궈火鍋

훠궈는 상하이의 전통음식은 아니지만 중국 어디서나 인기 있는 중국식 샤브샤브이다. 맑고 담백한 육수와 매운 육수에 야채와 함께 다양한 재료를 담가 익혀 먹는 요리다. 훠궈는 몽골 전통음식인데, 청나라 이후 중국의 대표적인 음식이 되었다. 매운 육수와 담백한 육수를 함께 주문하여 맛볼 수도 있다.

삼겹살에 소주 한잔을 하고 싶다면?

상하이에도 한인타운이 있다. 홍차우 국제공항에서 가까운 우중루와 홍촨루虹泉路다. 한인타운에 가면 대부분의 한국식당이 모여 있지만, 푸둥 지역에서 거리가 멀다. 그러므로 한국식당은 비즈니스 호텔이 대부분 모여 있는 푸둥 지역을 중심으로 소개한다. 동방명주가 있는 루지아주이 역 주변에 많으므로 저녁에 와이탄 또는 빈강대도의 야경을 보고 식당으로 이동해도 된다.

한림숯불구이 韩林炭烤
Tel　21-2206-3759
Address　浦东新区陆家嘴西路168号正大广场8层

화로사랑 炉边情谈
Tel　21-5042-7897
Address　陆家嘴西路168号 正大广场6楼45-46号铺

자연별곡 自然别谷
Address　陆家嘴西路168号 正大广场8楼 01号

안동찜닭 安东鸡
Tel　21-5888-9580
Address　陆家嘴西路168号 正大广场8楼 25号

아자 아자! 芝心年糕料理
Tel　40-0728-8757
Address　陆家嘴西路168号 正大广场8楼 24号(东泰路)

PANKOO 釜山料理
Tel　21-3390-1290
Address　浦东新区 世纪大道8号 上海国金中心商场 4层

비비고 必品阁, bibigo
Tel　21-5888-2151
Address　国金中心商场B1F楼
　　　　 世纪大道100号环球金融商务中心B1层

한두한국요리 韩厨韩国料理
Tel　21-5138-0990
Address　张杨路601号华诚大厦浦东食品城1楼

7년8반 7年8班
Tel　21-5843-5885
Address　崂山路620号(近潍坊路)

한라산 汉拿山
Tel　21-6100-2286
Address　浦东新区东方路796号96广场2楼
　　　　 229 232 号外大街12号昆泰商城三层

본가 本家
Tel　21-5081-9677
Address　浦东新区东方路971号钱江大厦2楼
　　　　 (近向城路)

평양고려식당 平壤高丽餐厅
Tel　21-6840-5184
Address　浦东新区松林路357号通茂大酒店1楼近浦电路

남산대숙 南山大叔韩国料理
Tel　150-0079-3891
Address　芳甸路1188号喜马拉雅中心B2层

부산화로 釜山火炉
Tel　139-1833-5601
Address　浦东新区梅花路999弄38号(近芳甸路)

수원왕갈비 水源王烤肉
Tel　21-3432-3001
Address　闵行区虹泉路1101弄8-9号(近虹莘路)

PART 6
쇼핑 거리

상하이는 대표적인 쇼핑 아이템이 없다. 살 만한 것이 없다는 뜻이 아니다. 일찍이 상하이는 개항도시로 서구화되면서 상하이만의 독자적인 특색이 흐려졌기 때문이다. 하루가 다르게 발전하고 있는 푸둥 지역은 대형 백화점과 쇼핑몰, 명품관이 즐비하다. 황푸 강 건너 푸시 지역은 조계지의 흔적을 고스란히 지니고 있다. 만일 중국풍의 선물을 찾는다면 예원 상가나 난징둥루 지역을 추천한다.

루지아주이 지역

동방명주, 진마오 빌딩, 상하이 타워 등 마천루가 모여 있는 푸둥 지역 대표 관광지이자 쇼핑 거리다. 지하철 2호선 루지아주이 역 1번 또는 2번 출구로 나오면 원형육교가 보인다. 이 원형육교에서는 루지아주이 지역을 한눈에 볼 수 있는 곳이기도 하다. 주변에 있는 정대광장正大广场과 상하이 세계금융센터(IFC 몰)가 대표적인 쇼핑몰이다. 최근 새로 개장한 디즈니 랜드 차이나의 인기에 힘입은 플래그십 숍, 애플 스토어 등 전문 숍도 많다. 그래서 루지아주이는 '동방의 월가'로 불린다.

인민광장 지역

상하이 여행의 시작은 와이탄이다. 와이탄의 시작은 인민광장부터 난징둥루 보행자 거리까지 이어진다. 중화산업 제1의 거리로 불리는 이곳은 수많은 골동품, 고서적, 찻집, 전통공예품 등 다양한 전문 숍들이 골목골목 위치해 있다. 100여 개의 중국 전통상점과 재래시장들이 모여 있는 곳이다. 100년 이상의 역사를 지닌 상점도 많다. 대부분의 여행자들은 난징둥루를 거쳐 와이탄까지만 돌아본다. 인민광장 근처 쇼핑몰 래플스 시티Raffles city와 함께 푸주루 일대를 천천히 걸어보자.

예원 지역

100년이 넘은 전통상가 예원노자豫园老街에는 청나라 때의 시간과 공간을 돌아볼 수 있다. 작은 상점들과 제비 꼬리 지붕 아래에 위치한 상가에 들어가보자. 상하이만의 특징을 간직한 건 아니지만, 가장 중국다운 제품들을 찾아볼 수 있다. 금이나 은 같은 귀금속은 추천하지 않는다. 아름다운 건축양식과 상가 거리는 옛날 명나라, 청나라를 거쳐 지금의 중국까지 이어져 내려오는 역사적인 변화와 발전을 품고 있다. 쇼핑 목적이 아니라도 한 번쯤은 거닐어볼 만한 거리다.

'세계의 제조창고'라 불리는 중국. 그 한가운데에 베이징이 있다.
과거와 현재가 공존하는 베이징에서는 자고 일어나면 새로운 경제정책들이 쏟아져 나오고 있다.
시간이 멈춘 자금성과는 달리 동쪽에 있는 경제개발지역은 전 세계 유명기업들의 본사 또는
지사가 몰려 있다. 최근 중국의 독자산업 육성을 위한 목소리가 큰 만큼 비즈니스도 활발하다.
중국을 알아야 비즈니스가 보인다.

Beijing

꼭 해봐야 할 리스트

베이징은 중국의 역사를 담고 있는 박물관이다. 역사의 현장 속으로 직접 들어가보자. 천단 공원에서 천안문 광장, 자금성, 경산 공원까지 황제의 시선으로 걸어보자. 전문대가, 남라고향, 십찰해 등 베이징의 골목길에는 과거의 흔적이 고스란히 남아 있다. 궈마오 역과 싼리툰 빌리지를 중심으로 형성된 신경제지구는 베이징의 또 다른 모습을 하고 있다. 이렇게 베이징은 전통과 미래가 조화를 이루고 있다. 베이징 오리고기에 옌징燕京 맥주 한잔과 발 마사지로 비즈니스 여행의 피로를 풀어주자.

비즈니스 팁

중국은 비즈니스 문화가 우리와는 많이 다르다. 특히 약속 시간에 대한 이해는 크게 다르다. 흔히 "다 왔다"는 말은 20~30분을, "곧 도착한다"는 말은 10~20분 정도 늦을 수 있음을 감안하자. 업무를 위한 문서나 자료의 완성도도 다소 떨어지는 편이다. 식사시간에는 맥주 또는 고량주로 술 한잔을 곁들이는 경우가 있다. 도수가 높은 만큼 무리하지 말자. 비즈니스로 접하는 중국인들은 공산당원인 경우가 많다. 중국의 정치적 문제나 역사적인 부분 등 민감한 주제의 대화는 삼가자.

PART 1
출장 준비하기

1 항공편 예약하기

베이징 수도국제공항北京首都国际机场은 두 개의 터미널이 있다. 제2터미널은 대한항공과 남방항공, 동방항공이, 제3터미널은 아시아나항공과 중국국제항공과 대부분의 스타얼라이언스 항공사가 이용한다. 인천국제공항에서 베이징 수도국제공항까지는 약 2시간의 비행시간이 소요된다. 국적기는 이른 아침 또는 정오 시간대에 운항되고 있다. 도심에 도착하는 시간은 베이징 수도국제공항 도착을 기준으로 2시간 정도 추가하면 된다. 일정에 맞춰 항공권을 예약하자. 가능하면 이른 아침 항공편을 예약하는 것을 추천한다.

국제전시장 이동

베이징 수도국제공항은 도심 진입구라 할 수 있는 삼원교三元橋까지 약 25km 떨어져 있다. 이용할 수 있는 교통수단은 공항철도와 공항버스, 그리고 택시가 있다.

도심 이동

중국 국제전람중심 신관中国国际展览中心新馆은 베이징 수도국제공항과 인접해 있다. 제2터미널에서 공항버스를 타고 크라운프라자 베이징 인터내셔널 에어포트 정류장 앞에서 하차한다. 지하철 15호선 국전国展 역과 연결된다.

Tip

1. 공항에 오후에 도착한다면, 택시보다는 공항철도를 이용하는 것을 추천한다. 베이징은 교통체증이 심한 편이다.

2. 택시 이용 시, 호텔이나 목적지에 대한 주소를 반드시 중국어로 준비하자. 중국어로 된 호텔 예약확인서를 출력해가는 것도 방법이다.

2 비즈니스 호텔 예약하기

베이징의 대표적인 전시장 중국 국제전람중심은 공항 근처에 있다. 다른 전시장들은 지하철 10호선과 연계되어 있다. 비즈니스 호텔은 대사관과 외국기업 본사, 무역센터 등이 위치한 지하철 10호선 량마차오亮马桥 역, 싼리툰三里屯 빌리지가 있는 퇀제후团结湖 역 또는 궈마오国贸 역 주변으로 예약하는 것이 편리하다. 만일 도심에 머물려면 왕부징王府井 역과 동단东单 역 주변을 추천한다.

량마차오 역 주변
지하철 10호선과 연결된 량마차오 역 주변에는 5성급 비즈니스 호텔들이 많다. 중국 국제전람중심 신관으로 이동하기 편리하고 베이징 수도국제공항과의 연계도 잘 되어 있다.

싼리툰·궈마오 역 주변
베이징 경제개발지역인 궈마오 역 주변과 대사관들이 모여 있는 지역인 싼리툰 빌리지 지역에는 가성비 높은 호텔들이 많다. 중국 국제전람중심 신관에서 조금 멀지만 저녁 여가시간을 즐길 수 있다.

왕부징 역 주변
베이징의 대표적인 랜드마크인 천안문, 자금성과 가깝다. 관광형 호텔들이 많으며, 중국 국제전람중심 신관으로 이동할 때 불편하다는 단점이 있다. 먹거리, 볼거리, 쇼핑 등을 즐기기 편리하다.

추천 호텔 리스트

베이징 랜드마크 호텔
北京亮马河大厦 | Beijing Landmark Hotel (4성급)
Tel 　　010-6590-6688
Address　朝阳区东三环北路8号
Access　 지하철 10호선 량마차오(亮马桥) 역 출구D에서
　　　　도보 10분

더 그레이트 월 쉐라톤 호텔 베이징
北京长城喜來登酒店
The Great Wall Sheraton Hotel Beijing (5성급)
Tel 　　010-6590-5566
Address　朝阳区东三环北路10号
Access　 지하철 10호선 량마차오(亮马桥) 역 출구D에서
　　　　도보 10분

베이징 사가호텔
北京世家精品酒店 | Beijing Saga Hotel (4성급)
Tel 　　010-6592-5808
Address　朝阳区农展馆南里12号
Access　 지하철 10호선 탄제후(团结湖) 역 출구B에서
　　　　도보 5분

자오룽 호텔
兆龍飯店(구 Great Dragon) | Zhao Long Hotel (4성급)
Tel 　　010-6597-2299
Address　朝陽區工體北路二號
Access　 지하철 10호선 탄제후(团结湖) 역 출구D에서
　　　　도보 5분

트레이더스 호텔 베이징 바이 샹그릴라
北京国贸饭店
Traders Hotel Beijing by Shangri-La (4성급)
Tel 　　010-6505-2277
Address　朝阳区建国门外大街1号
Access　 지하철 1호선 궈마오(国贸) 역 출구E2에서 도보 5분

지안구오 호텔
建国饭店 | Jianguo Hotel (4성급)
Tel 　　010-6500-2233
Address　北京市朝阳区建国门外大街5号
Access　 지하철 1호선 용안리(永安里) 역 출구B에 연결

고텔 캐피털
北京国泰饭店 | Gotel Capital (4성급)
Tel 　　010-6568-3366
Address　北京市朝阳区建国门外永安西里12号
Access　 지하철 1호선 용안리(永安里) 역 출구A2
　　　　(LG쌍둥이 빌딩 뒤)

하워드 존슨 파라곤 호텔 베이징
北京宝辰饭店
Howard Johnson Paragon Hotel Beijing (4성급)
Tel 　　010-6526-6688
Address　北京市建国门内大街甲18号
Access　 지하철 1호선 젠궈먼(建国门) 역 출구B 앞

노보텔 베이징 신차오
北京新僑諾富特飯店 | Novotel Beijing Xinqiao (3성급)
Tel 　　010-6513-3366
Address　北京市东城区东交民巷2号
Access　 지하철 2호선 충원먼(崇文门) 역 출구B2 연결

스위소텔 베이징 홍콩 마카오 센터
北京港澳中心瑞士酒店
Swissotel Beijing Hong Kong Macau Center (5성급)
Tel 　　010-6553-2288
Address　北京市东城区朝阳门北大街2号
Access　 지하철 2호선 동쓰스탸오(东四十条) 역 출구C 연결

아시아 호텔
北京亞洲大酒店 | Asia Hotel (5성급)
Tel 　　010-6500-7788
Address　北京市东城区工体北路新中西街8号
Access　 지하철 2호선 동쓰스탸오(东四十条) 역 출구C에서
　　　　10분

파크 플라자 베이징 사이언스 파크
北京丽亭华苑酒店
Park Plaza Beijing Science Park (4성급)
Tel 　　010-8235-6699
Address　北京市海淀区知春路25号
Access　 지하철 10호선 즈춘루(知春路) 역 출구F2 앞

비즈니스를 위한 호텔

임원 또는 고객과 함께 출장을 간다면 숙소 선정이 더욱 중요해진다. 가격보다 호텔의 시설 및 품격을 선호하는 경우가 있기 때문이다. 비즈니스를 위한 고품격 5성급 호텔을 정리해보았다.

더 웨스틴 베이징 차오양 호텔
北京金茂威斯汀大飯店
The Westin Beijing Chaoyang Hotel (5성급)
Tel 010-5922-8888
Address 北京市朝阳区东三环北路7号
Access 지하철 10호선 량마차오(亮马桥) 역 출구A 연결

켐핀스키 호텔 베이징 루프트한자 센터
北京凯宾斯基饭店
Kempinski Hotel Beijing Lufthansa Center (5성급)
Tel 010-6465-3388
Address 北京市朝阳区亮马河桥路50号
Access 지하철 10호선 량마차오(亮马桥) 역 출구C에서 도보 5분

쿤룬 호텔
昆崙飯店 | Kunlun Hotel (5성급)
Tel 010-6590-3388
Address 北京市朝阳区新源南路2号
Access 지하철 10호선 량마차오(亮马桥) 역 출구D에서 도보 5분

그랜드 밀레니엄 베이징
北京千禧大酒店 | Grand Millennium Beijing (5성급)
Tel 010-8587-6888
Address 北京市朝阳区东三环中路7号
Access 지하철 10호선 진타이시지오(金台夕照) 역 출구A에 연결

샹그릴라스 차이나 월드 호텔
北京中国大饭店
Shangri-La's China World Hotel (5성급)
Tel 010-6505-2266
Address 北京市朝阳区建国门外大街1号
Access 지하철 1호선 궈마오(国贸) 역 출구A에 연결

소피텔 완다 베이징 호텔
北京万达索菲特大饭店
Sofitel Wanda Beijing Hotel (5성급)
Tel 010-8599-6666
Address 北京市朝阳区建国路93号
Access 지하철 1호선 다왕루(大望路) 역 출구D에서 도보 5분

W 베이징 창안
北京长安街W酒店 | W Beijing Chang'an (5성급)
Tel 010-6515-8855
Address 北京市朝阳区建国门南大街2号
Access 지하철 1호선 젠궈먼(建国门) 역 출구B에서 도보 5분

그랜드 하얏트 베이징
北京东方君悦大酒店 | Grand Hyatt Beijing (5성급)
Tel 010-8518-1234
Address 北京市东城区东长安街1号
Access 지하철 1호선 왕푸징(王府井) 역 출구B 연결

더 페닌슐라 베이징
北京王府半岛酒店 | The Peninsula Beijing (5성급)
Tel 010-8516-2888
Address 北京市东城区王府井金鱼胡同8号
Access 지하철 5호선 덩스커우(灯市口) 역 출구B에서 도보 5분

3 비즈니스 여행 사전 확인사항

❶ 비자 필요여부 확인
중국에 입국하기 위해서는 비자가 필요하다. 중국 비자는 단수와 복수 두 가지 유형이 있다. 단수비자는 발급 후 30일 이내 1회 입국이 가능하고, 복수는 횟수에 상관없이 1년 이내에 자유롭게 입국할 수 있다.

❷ 현금은 얼마나 환전해야 하나?
전체 예상경비의 50% 정도만 현찰로 준비한다. 약간의 미국 달러를 비상금으로 준비한다. 인민폐(RMB)의 경우 환차 손실이 매우 크기 때문이다.

❸ 화폐와 환율
중국의 화폐는 인민폐人民币이며 RMB 또는 CNY라 표기한다. 단위는 ¥를 사용하며, '위안元' 또는 '콰이块'라 부른다. 쟈오角 또는 마오毛는 元1/10이다.

❹ 신용카드
베이징은 현금결제를 선호한다. 국내 은행의 해외 신용카드는 대부분 사용이 불가능하며 은련 카드 UnionPay만 사용이 가능하다. 국내 신용카드의 가능 여부를 미리 확인하자.

❺ 날씨
여름과 겨울에는 여행이 어려울 만큼 무덥고 춥다. 주요 관광지는 그늘이나 바람막이가 전혀 없으므로 체감온도는 그 이상이다. 여행하기 좋은 시기는 9월 말~11월 초 사이다.

> **Tip**
> 봄·가을에 여행을 간다면 강한 바람과 황사에 대비한 바람막이 상의와 보온용 긴팔 상의가 필수다. 여름에는 선글라스, 모자와 양산 그리고 얇은 긴팔 상·하의가 필요하다. 겨울에는 두꺼운 옷보다는 얇은 옷을 여러 겹 입는 것이 좋다.

❻ 시차
베이징의 표준시간은 우리나라에 비해 1시간 늦다.

❼ 전원

220V, 50Hz로 한국과 전압 차이가 없으나 전원 플러그는 한국과 달리 3구 형태다. 대부분 비즈니스 호텔은 2구와 3구 겸용 플러그를 사용하고 있지만 멀티 플러그를 준비하는 것이 좋다.

8 베이징 기본정보

중국의 역사상 '천년 고도'라 부를 수 있는 도시는 시안西安, 뤄양洛阳 그리고 베이징뿐이다. 약 700년간의 원元, 명明, 청淸 시대를 고스란히 품고 있는 베이징은 도시 전체가 역사박물관이다. 베이징의 면적은 우리나라 서울의 약 28배이며, 서울과 경기도를 합친 것과 비슷하다.

Tip 필수 준비물

관광지는 지하철과 연결되어 있다. 도보여행을 위해 편안한 신발을 가져가야 한다. 쿠션 많은 운동화와 땀 흡수가 잘되는 면양말을 준비하자. 종합감기약은 필수. 자외선 노출에 대비한 자외선 차단제와 황사나 스모그에 대비한 마스크도 필수다.

Tip 베이징에서 길 찾기

베이징 도로명에는 기본 원칙이 있다. 베이징은 고궁박물원을 중심으로 수직선, 수평선으로 명확하게 나눠져 있다. 남북선은 고궁을 기준으로 북으로 경산 공원景山公园, 남쪽으로는 천단 공원天坛公园까지 이어진다. 동서선은 천안문을 가로지르는 장안대로다. 또한 고궁을 중심으로 외곽으로는 2환부터 6환까지 5개의 순환도로가 있다. 아래 지도에는 2환부터 나타나 있는데 1환은 고궁박물원에 외곽 성벽을 따라 만들어진 해자다. 즉, 베이징의 모든 기준점은 고궁박물원이라 할 수 있다.
베이징의 길 찾기는 순환도로명과 동서남북선으로 시작된다. 지하철 출구는 동북 출구, 남서 출구와 같이 표기한다. 예를 들어 '동3환 북출구东三环北出口'는 '3환 순환도로의 동쪽 북 출구'라는 의미다.

PART 2
베이징 도심 들어가기

베이징 수도국제공항은 도심에서 약 25km 떨어져 있다. 시내로 이동하는 교통수단은 공항고속열차와 공항버스, 그리고 택시가 있다. 도심 입구인 싼위안차오三元桥 역 근처까지는 30~60분이 소요된다.

추천1 공항고속열차

공항고속열차机场快轨, Airport Express는 시내까지 가장 빠르게 이동할 수 있는 교통수단이다. 공항에서 종착역인 동즈먼东直门 역까지 약 16분 만에 시내로 이동할 수 있다.
공항 입국장에서 '机场快轨, Airport Express'라는 안내 표시를 따라 이동을 하면, 공항고속열차 매표소가 있다(편도 요금 元25). 싼위안차오 역은 지하철 10호선, 동즈먼 역은 지하철 2호선과 13호선과 연계된다.

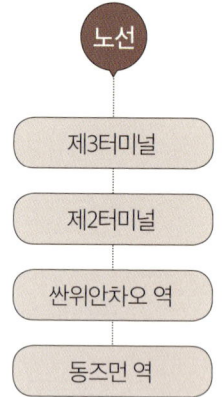

노선
↓
제3터미널
↓
제2터미널
↓
싼위안차오 역
↓
동즈먼 역

추천2 지하철

지하철 요금은 거리와 목적지에 따라 元3부터 元9까지 차등적용된다. 이카통一卡通을 사용하면 요금이 자동 차감된다. 이카통을 구매하려면 자동발매기에서 언어를 선택하고 이용하려는 노선 구간을 선택한다. 역명과 인원을 선택하면 해당 요금이 화면에 나타난다. 요금을 지불하면 이카통이 발행된다.
매표소 창구에서 해당 구간의 요금을 확인하고 현금과 함께 수량을 말한다. 중국어로 이ㅡ, 얼二, 싼三 등 숫자 정도만 말해도 된다.

Beijing 177

> **Tip**
> 모든 노선은 색으로 구분되며, 각 승강장에는 진행 방향이 표시되어 있다. 예를 들어 '往'은 'To'의 의미이다. 또는 '开往XX'으로 표기한다.

추천3 택시

중국어를 전혀 못하거나, 베이징이 처음이라면 택시는 권하지 않는다. 택시 기사들이 영어를 전혀 못하기 때문이다. 택시를 이용하려면 중국어로 적힌 목적지 주소 또는 약도가 필요하다.

> **Tip**
> '한 장의 카드로 통한다'
> 이카통 — 卡通
>
> 이카통은 지하철, 버스, 택시, 편의점에서 이용 가능한 충전식 카드다. 공항이나 지하철역에서 구매 가능하다(보증금 元20을 포함, 元10 단위로 충전). 보증금과 잔액은 공항고속열차 매표소에서 돌려받을 수 있다. 카드를 살 때는 '마이카通卡', 환불할 때는 '투이카退卡'라고 말하면 된다.

PART 3
국제전시장 찾아가는 길

베이징은 총 3개의 국제전시장이 있다. 중국 국제전람중심 구관과 신관, 그리고 농업전람관农业展览馆이 있다. 대부분의 국제전시는 베이징 수도국제공항과 인접한 중국 국제전람중심 신관에서 열린다. 지하철 15호선과 연계되어 있으며, 베이징 수도국제공항에서 직접 이동이 가능하다.

찾아가기 1 　베이징 수도국제공항 → 중국 국제전람중심 전시장

중국 국제전람중심 신관은 베이징 수도국제공항 제2터미널과 인접해 있다. 제2터미널에서 공항버스를 타고 크라운프라자 베이징 인터내셔널 에어포트 앞에서 하차한다(7개 정류장/35분). 제3터미널은 셔틀버스나 공항열차로 제2터미널까지 이동해야 한다.

> **버스노선**
> 塔台(타타이) → BGS → 国航货运(구어항후어윈) → 宏远物流(홍위엔우리우) → 天竺村(티엔란춘) → 天竺卫生院(티엔란웨이성웬) → 天竺花园(티엔란화웬) → 临空假日酒店(린콩지아르지우디엔)

찾아가기 2 　도심 → 중국 국제전람중심 전시장

도심에서 중국 국제전람중심까지는 지하철로 이동이 가능하다. 지하철 15호선 궈잔国展 역과 연결된다. 궈마오 역에서 출발하면 1호선 따왕루大望路 역에서 14호선으로 환승, 왕징王京역에서 15호선으로 갈아탄다(약 1시간/元6).

찾아가기 3 　천안문 → 중국 국제전람중심 전시장

텐안먼둥天安门东 역에서 출발하면 1호선 따왕루 역에서 14호선으로 환승, 왕징 역에서 15호선으로 갈아탄다(약 1시간 반/元6).

Tip
베이징 수도국제공항에서 택시로 이동하는 경우, 약 元70~80의 비용이 예상된다(제2터미널 기준, 약 15분).

PART 4
베이징 관광코스

짧은 시간 안에 어떻게 베이징을 둘러보아야 좋을까? 베이징을 다 돌아보려면 최소 3박 4일이 필요하다. 대표 관광명소로 만든 핵심코스와 하루 동안 즐길 수 있는 추천코스를 제시한다. 약 하루 정도 소요되는 만리장성 관광은 비즈니스 여행으로는 무리다. 베이징 도심을 중심으로 돌아보자. 대표적인 관광지는 천안문과 자금성이다. 그 주변의 전문대가, 천안문 광장, 경산 공원 그리고 왕부정대가를 필수코스로 꼽을 수 있다. 그 외에 천단 공원과 이화원, 십찰해와 남라고항은 일정을 감안하여 둘러보면 된다.

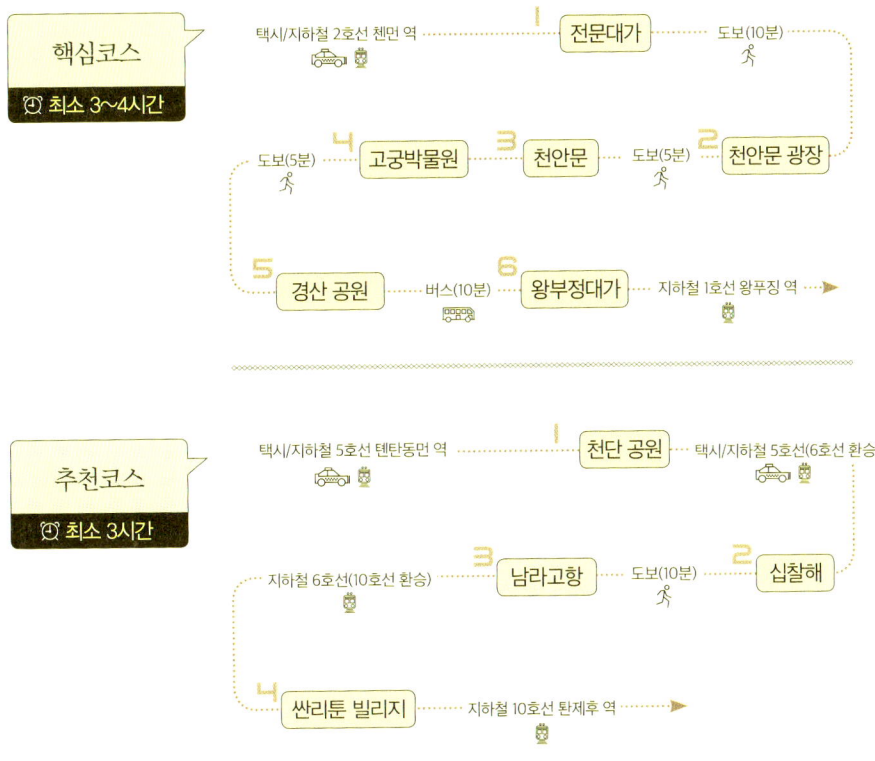

Tip 핵심코스와 추천코스를 함께 하면 하루 코스가 완성된다.
천단 공원 - 전문대가 - 천안문 광장/천안문/자금성 - 경산 공원 - 십찰해/남라고항 - 왕부정대가 - 싼리툰 빌리지

베이징 지하철 노선도

핵심코스 01

황제가 살던 자금성의 정문 역할을 하던 것이 정양문正陽門과 전문前門이다. 저녁이면 성문이 닫히고, 지방에서 올라온 사람들은 전문대가 주변에서 머무르게 되면서 자연스럽게 음식점과 숙박시설이 생겨났다. 또한 황실에 납품하려는 물품들의 공방과 상점들이 앞다투어 들어서면서 베이징 최대의 상업지구가 되었다. 이후 청나라에 서양 세력이 들어오면서 과거의 모습을 점차 잃어갔다. 중국정부가 반세기 전의 모습을 복원하기 위해 노력한 결과가 지금의 전문대가다. 비좁은 골목에 수백 년 역사를 자랑하는 전통상점들이 아직도 그 건물에서 장사를 하고 있으니 마치 시간여행을 온 것과도 같다.

전문대가 (前门大街)

쳰먼다제 | qián mén dà jiē

전문은 정양문과 연결된 자금성 외곽에 있는 성문이다. 약 1km 길이의 넓고 깨끗한 전문대가는 차도 없고 곧게 뻗어 있어 천천히 구경하기 좋다. 전통음식점이 몰려 있는 선어구鮮魚口와 전통상점이 밀집되어 있는 대책란大栅栏만 간단히 둘러보자.

도심에서 찾아가기

지하철 2호선 쳰먼前门 역 출구B 또는 C 하차. 전문을 끼고 돌아 전문대가 입구로 이동한다. 화려한 색상의 패루牌楼와 함께 중국풍의 스타벅스가 있다. 전문대가의 출발점이다(도보 5분).

둘러보기

전문대가에는 베이징 오리고기 전문점 전취덕全聚德과 편의방便宜坊, 건륭乾隆제가 상점 이름을 지어준 소맥燒麥 맛집 도이처都一处, 라오베이징 자장면老北京炸醬面, 서태후가 반한 구불리만두狗不理包子, 양고기 요리전문점 동래순東來順 등이 모여 있다.

Tip
시속 8km로 운행하는 트램을 타고 둘러보는 것도 좋다(편도 元20)

Open 24시간
Cost 무료
Address 北京市前门大街
Access 지하철 2호선 쳰먼前门 역 출구B 또는 C 하차, 도보 5분

핵심코스 02

천안문 광장(天安门广场)

톈안먼광장 | tiān ān mén guǎng chǎng

천안문 광장은 자금성과 천안문을 지나 정양문까지 연결된 거대한 궁정 광장이었다. 천안문을 마주 보고 광장 끝에 모주석 기념당毛主席纪念堂이 정양문과 전문대가와 수직으로 서 있다. 왼쪽에 인민대회당人民大会堂, 오른쪽에 중국 국가박물관中国国家博物馆이 마주하고 있다.

전문대가에서 찾아가기
스타벅스에서 전문을 마주하고 대로를 따라 왼쪽으로 걷는다. 길 건너편에 맥도날드와 KFC가 있다. 모퉁이에 있는 지하보도로 건너면 천안문 광장으로 들어가는 입구가 나온다. 이때 보안검색대를 반드시 통과해야 한다(500m/도보 10분).

둘러보기
정양문 2층에는 천안문 광장에 관한 역사적인 자료들이 정리되어 있다(입장료 元20). 인민영웅 기념비는 19~20세기의 혁명 과정에서 희생된 인민을 추모하기 위한 것이다. 오성기가 내려진 이후에는 천안문 광장에 머물 수 없다.

Tip
밤에는 지하철 2호선 첸먼 역 출구C로 나와 인민대회당을 따라 천안문 광장과 천안문의 야경을 보자. 톈안먼시 역과 연결된 국가대극원의 멋진 야경도 즐기자.

- **Open** 일출~일몰
- **Cost** 무료
- **Address** 北京市东城区天安门广场
- **Access** 지하철 1호선 톈안먼동天安门东 역 출구C,D 또는 톈안먼시天安门西 역 출구C, 2호선 첸먼 역 출구A 하차

여 행 이 야 기
두 차례의 천안문 사건

첫 번째 천안문 사건은 1976년에 중국 국민이 사랑했던 저우언라이周恩來의 사망으로 발생했다. 그해 4월 4일, 수많은 시민들이 인민영웅 기념비에 그를 추모하며 플래카드를 걸고 헌화했다. 문제는 이 플래카드의 내용을 당국이 반역으로 규정하고 철거하면서 발생했다. 다음 날, 분노한 시민들이 도심의 건물들과 자동차에 방화를 했고, 당국이 무력으로 진압하는 과정에서 수많은 시민들이 사망하고 부상당했다. 첫 번째 천안문 사태를 '4.5운동'이라고 한다.

두 번째 천안문 사건은 1989년 6월 4일, 후야오방胡耀邦의 사망으로 일어났다. 당시 덩샤오핑鄧小平은 중국 공산당 내 개혁파였던 후야오방과 자오쯔양趙紫陽을 후원하였다. 1982년 후야오방이 공산당 총서기에 취임했지만, 덩샤오핑의 기대와는 달리 사상해방, 언론자유, 개인 자유의 신장, 법치주의 등 과감한 개혁을 추진했다. 결국 당내 보수파들의 반발로 총서기직에서 쫓겨나고 1989년 4월 15일에 사망한다.

후야오방이 죽자 수많은 지식인들과 학생들, 그리고 시민들까지 후야오방을 추모하며 그의 명예회복과 민주화를 요구하는 시위가 이어졌다. 5월 13일부터 베이징 (사범)대학교를 중심으로 천안문 광장에서 단식연좌시위가 이어졌다. 문제는 5월 15일 구소련 고르바초프Michael Gorbachev 방중 일정이 시위 때문에 지연되자 당국은 시위를 난동으로 규정했다. 베이징에 계엄령이 선포되고, 시위대 편이었던 자오쯔양 총서기가 사라졌다. 이후 보수파 리펑李鵬이 권력을 장악하면서 시위대의 저항은 더욱 격렬해졌다. 6월 3일, 당국은 천안문 광장에 집결해 있던 시위대를 향해 무차별 발포를 하며 수많은 시민들을 살상했고, 시위대를 강제해산시켰다. 이러한 강제진압으로 수많은 시민들이 피살 또는 부상당했다.

당시 미국 CNN 방송이 고르바초프의 시내행진을 촬영하기 위해 천안문 광장 근처에 설치한 카메라에 중국군이 시민을 향해 발포하는 장면이 찍혔다. 이는 전 세계에 생중계되며 시청자에게 커다란 충격을 안겨주었다. 두 번째 천안문 사건은 첫 번째 천안문 사건과는 달리 지금까지도 중국인들에게는 아픈 역사이므로, 말해서도 안 되는 금기사항이다.

Tip
두 번째 천안문 사건의 도화선이 되었던 후야오방은 사망 후 오랜 시간 동안 그의 복권이 거론되어 왔다. 2015년 11월, '후야오방 탄생 100주년 좌담회'를 통해 시진핑習近平 주석은 그를 '역사책에 길이 빛날 충서기'로 규정하며 마침내 복권되었다.

핵심코스 03

천안문(天安门)

톈안먼 | tiān ān mén

붉은 벽돌에 커다란 마오쩌둥毛泽东의 초상화가 걸린 천안문은 중국인의 자존심이다. 천안문은 13m 높이의 성대와 성루로 구성되어 있다. 성대에는 5개의 문이 있으며, 중간문이 가장 높고 크다. 이 문은 황제가 출입할 때 사용했던 문이다.

마오쩌둥 초상화 좌우에 '중화인민공화국만세中華人民共和国万岁'와 '세계인민대단결만세世界人民大团结万岁' 문구가 쓰여 있다. 마오쩌둥이 세상을 떠난 9월 9일을 기념하여 각각 아홉 글자로 구성했다. 천안문 성루는 600여 년간 공개되지 않았다. 천안문 안과 밖에는 두 쌍의 화표华表가 서 있다. 천안문 광장을 바라보고 있는 화표는 궁을 나간 황제는 돌아와서 정사를 보라는 '망군귀望君歸'이고, 자금성을 향하는 화표는 궁에만 머물지 말고 밖에 나가 백성을 살피라는 '망군출望君出'이다.

Tip 마오쩌둥의 대형 초상화

1949년 마오쩌둥이 천안문에서 중화인민공화국 수립을 선포하고 직접 오성기를 게양했으므로 대형 초상화가 걸리게 되었다. 매년마다 국경절(10월 1일)에 중국 대표 화가들이 마오쩌둥의 초상화를 제작·교체한다.

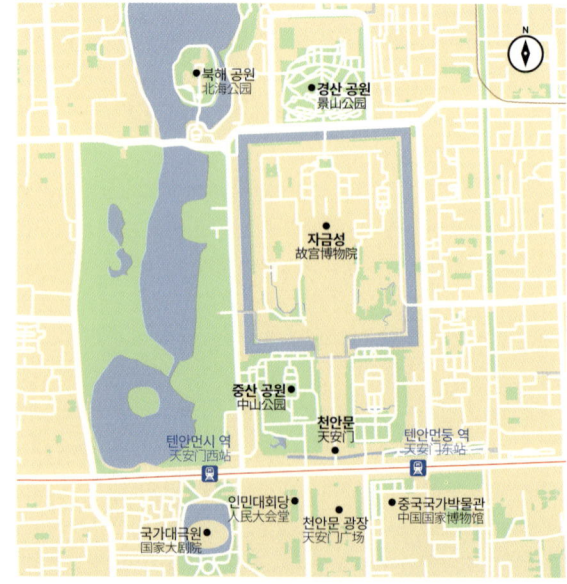

Open 08:30~16:30
Cost 무료(성루 元15, 가방 보관 필수)
Address 北京市东城区天安门
Access 지하철 1호선 톈안먼둥 역 출구A 또는 톈안먼시 역 출구B에서 도보 5분

핵심 코스 04

고궁박물원(故宮博物院)

꾸궁보우위안 | gù gōng bó wù

자금성紫禁城이라 불리는 고궁박물원은 전 세계에 현존하는 왕궁 건축물 가운데 가장 큰 규모의 세계문화유산이다. '옛날 궁'이란 뜻으로 고궁故宮, 꾸궁이라고 부른다. 500여 년에 걸쳐 24명의 황제가 거주했다.

둘러보기

천안문 광장에서 천안문을 거쳐 고궁박물원에 들어오면 엄청난 규모 때문에 길을 헤매게 된다. 고궁은 일방통행으로 남문(오문)으로 들어가서 북문(신무문)으로 나가야 한다. 직선거리는 약 1km 정도이다. 보물을 보관하고 있는 진보관 관람은 선택사항.

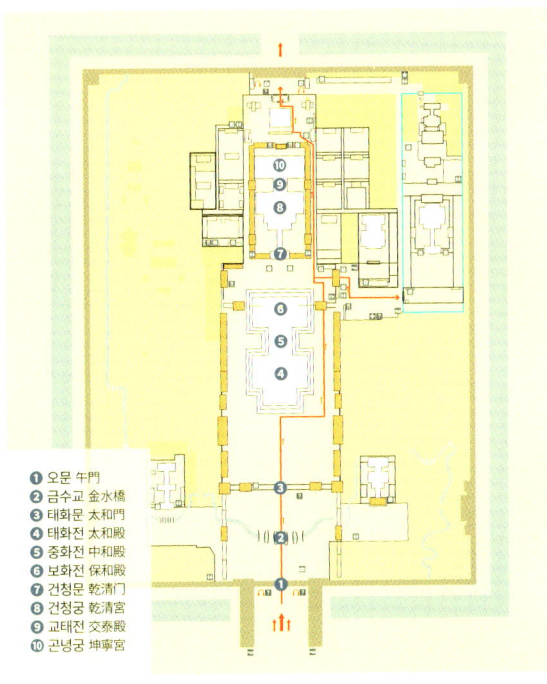

① 오문 午門
② 금수교 金水橋
③ 태화문 太和門
④ 태화전 太和殿
⑤ 중화전 中和殿
⑥ 보화전 保和殿
⑦ 건청문 乾清門
⑧ 건청궁 乾清宮
⑨ 교태전 交泰殿
⑩ 곤녕궁 坤寧宮

Open	08:30~17:00 (4월 1일~10월 31일), 08:30~16:30 (11월 1일~3월 31일)
Cost	성수기(4월 1일~10월 31일) 통표 元60, 비수기(11월 1일~3월 31일) 통표 元40, 진보관 元10, 종표관 元10(신장 120cm 이하 어린이, 장애인은 입장료 없이 참관 가능), (오디오 가이드 지원 중국어 元20, 한국어 元40)
Address	北京市 东城区 景山前街4号 故宫
Access	지하철 1호선 톈안먼동 역 출구A에서 하차, 천안문 통해 입장 가능

오문(午門) 우먼 | wǔ mén

세계 최대의 문으로 기네스북에 올라가 있다. 커다란 새가 날개를 펼친 모습으로, 날개 끝에 5개의 누각이 있다고 해서 오봉루五鳳樓라 한다.

금수교(金水橋) 진수이차오 | jīn shuǐ qiáo

백옥처럼 흰 아치형 다리이다. 중국에서 현존하는 가장 아름다운 다리로 평가된다.

태화문(太和門) 타이허먼 | tài hé mén

현존하는 중국 최대의 목조문이며, 실질적인 외조의 입구다. 태화문은 1420년 명나라 영락제 시절에 처음 지어진 것으로 처음에는 봉천문奉天門으로 부르다가 대조문大朝門, 이후에 황극문皇極門으로 명칭이 바뀌었다. 청나라 때부터 태화문으로 불리게 되었다. 외조의 중심선에는 정권을 상징하는 태화전, 중화전, 보화전이 자리해 있다. 자금성에서 가장 중심이 되는 건물로, 황제들이 중국 역사에 큰 영향을 끼친 중대사를 논하고 결정하던 곳이다.

태화전(太和殿) 타이허뎬 | tài hé diàn mén

황제의 즉위식과 탄생축하 행사, 조서 반포, 원단 의식, 외국사신 접대 등 국가 주요행사가 열리던 곳이다.

중화전(中和殿) 중허뎬 | zhōng hé diàn

명나라 때 태화전의 주요의식 전에 황제가 잠시 머물던 곳이었다. 청나라 때는 황제의 개인 접견실이었다. 편액에 쓰인 '윤집궐중允執厥中'은 진실로 중심을 잡으라는 의미다.

Tip

태화문 앞에 한 쌍의 청동 사자상이 있다. 발아래 여의주를 움켜쥐고 있는 것이 수컷이고, 새끼 사자를 누르고 있는 것이 암컷이다. 중국에서 사자는 황제의 권력을 상징한다.

보화전(保和殿) 바오허뎬 | bǎo hé diàn

태화전과 유사하게 생긴 건물로 명나라 땐 황제 즉위식을, 청나라 때는 황제가 주관하는 연회장 겸 과거시험의 최고 등급인 전시殿試를 치르는 시험장이었다. 원래 내부에 기둥이 있었으나 과거시험 응시자의 부정을 막기 위해 없앴다고 한다. 보좌 위에 걸린 편액 '황건유극皇建有極'은 건륭제의 어필이다. 황제가 천하의 최고 원칙을 세운다는 뜻이다. 오직 황제가 법도나 표준을 정할 수 있다는 의미다. 현재 걸려 있는 편액은 모조품이다.

Tip 운룡대석조云龙大石雕
운룡대석조는 길이 16.75m, 폭 3.07m, 두께 1.7m, 무게는 200톤으로 궁중 건축에 쓰인 돌 중 가장 거대한 규모를 자랑한다. 구름 위로 솟은 산과 하늘에서 놀고 있는 아홉 마리의 용이 새겨져 있다.

More & More
운룡대석조는 어떻게 옮겼을까?
황제는 길을 정비하고 옮기는 과정에서 발생하는 모든 손실은 지방관리들이 책임지고 배상할 것, 운반 과정에 방해되는 건물은 모두 철거할 것을 명령했다. 또한, 4km당 우물을 하나씩 파도록 했는데 인부들이 목을 축일 수 있게 하는 동시에 겨울이 되면 길 위에 물을 뿌려 빙판길을 만들어 놀을 운반할 수 있게 했다.

건청문(乾清门) 첸칭먼 | qián qīng mén

건청문 좌우에 있는 청동 사자상은 태화문과는 달리 귀를 닫고 있다. 황제의 거처인 만큼 조용히 하라는 뜻이다.

건청궁(乾淸宮) | 첸칭궁 | qián qīng gōng

황제와 황후가 거주하는 곳이었다. 총 9개의 침실과 27개의 침대를 두었는데 자객으로부터 황제를 보호하고자 함이었다.

곤녕궁(坤寧宮) | 쿤닝궁 | kūn níng gōng

명나라 때는 황후의 침실로 쓰이던 곳이며, 청나라 때는 황제의 결혼식 및 초야를 치르는 곳이었다.

More & More
정대광명正大光明 현판 뒤에 새겨진 비밀

청나라 역대 황제들은 생전에 후계자를 비밀리에 정한 후 유서를 2부 작성하였다. 하나는 정대광명 현판 뒤에 숨기고, 다른 하나는 황제가 가지고 있다가 죽으면 현판 뒤에 있는 유서와 황제가 소지했던 유서를 동시에 펼쳐보고 이에 따라 황위 계승자를 정하였다.

More & More
왜 자금성이라고 부르나

황제를 하늘의 아들, 즉 '천자天子'라 불렀다. 고대 천문학자들은 위치가 변하지 않는 북극성을 발견하고, 그곳에 천제가 있다고 생각했다. 그 별을 '자미원紫薇垣'이라 부르고 천제가 거하는 궁을 '자궁紫宮'이라고 불렀다. 또한 황궁은 특별히 허가받은 사람들만 드나들 수 있었다. 그래서 이 황궁을 '자줏빛 궁전이라 불리는 금지된 곳'이란 뜻으로 '자금성紫禁城'이라 불리게 되었다.

교태전(交泰殿) | 자오타이뎬 | jiāo tài diàn

황후의 침실이자 공식 업무가 행해지던 곳으로, 건륭제 시절에는 옥새를 수장하는 곳이었다. 자연과 사회의 흐름에 개입하지 말라는 뜻을 지닌 '무위无为'라는 편액은 황후의 외척들에게 보내는 경고다.

핵심코스 05

Beijing 191

경산 공원 (景山公园)

징산공위안 | jǐng shān gōng yuán

자금성을 둘러싼 해자를 만들 때 나온 흙으로 만든 인공산이다. 경산 공원에는 다섯 개의 정자가 있다. 정상에 있는 만춘정万春亭은 자금성의 황금빛 지붕의 물결을 한눈에 바라볼 수 있는 곳이다. 꼭 한번 올라가서 천하를 내려다보자.

◎ 자금성에서 찾아가기

자금성 북문에서 나오면 길 건너편이 경산 공원 남문이다. 해자를 지나 왼쪽을 보면 지하도가 있다. 북해 공원을 둘러봐도 좋다.

◎ 둘러보기

남문으로 들어가 오른쪽으로 걸어가면 비석이 하나 있다. 그 위로 숭정崇禎제가 자결했다고 추정되는 홰나무가 있다. 홰나무는 황제의 죽음을 말리지 못한 죄로 청나라 때 쇠사슬에 묶인다. 의화단의 난 당시, 연합군이 홰나무의 쇠사슬을 풀었지만 문화혁명 때 홍위병들에 의해 잘려졌다. 지금의 홰나무는 새로 심은 것이다.

Open 06:00~21:00(4월 1일~10월 31일), 06:30~20:00(11월 1일 ~3월 31일)
Cost 元2
Address 北京市西城区景山前街18
Access 직접 연결되는 노선 없음 (고궁박물원의 후문 맞은편으로 연결되어 있음)

핵심코스 06

왕부정대가 (王府井大街)

왕푸징다제 | wáng fǔ jǐng dà jiē

왕부정대가는 베이징의 최고급 쇼핑거리다. 동방신천지东方新天地를 지나 왕부정 서점王府井书店에서부터 약 1km에 걸쳐 보행자 거리가 펼쳐진다. 왕부정대가 거리 양쪽으로 백화점들이 가득 차 있다. 동양 최대의 쇼핑몰인 동방신천지, 신동안 시장, APM 등 대형 백화점뿐만 아니라 명·청나라 스타일로 디자인된 상점들이 눈길을 끈다. 외국인 관광객들뿐만 아니라 중국 젊은이들도 많이 찾는 왕부정대가는 전통과 역사가 살아 숨 쉬는 베이징 제1의 거리다.

경산 공원에서 찾아가기

경산 공원 남문으로 나와 지하보도를 건넌다. 자금성 북문 앞 고궁 버스정류장에서 관광순환버스 2호를 타고 신동안新东安 시장에서 하차, 도보로 이동한다(4개 정류장/￥10).

Tip
관광순환버스 1호 북경부산의원北京妇产医院에 하차. 도보 거리가 길다.
관광순환버스 노선
[고궁 - 북지자북구北池子北口 - 고궁동문故宫东门 - 동안문대가서구东安门大街西口 - 신동안新东安 시장]

Open 24시간
Cost 무료
Address 北京市东城区王府井大街
Access 지하철 1호선 왕푸징王府井 역 출구A에서 직접 연결

왕부정소흘가 (王府井小吃街)

왕푸징샤오츠제 | wáng fǔ jǐng xiǎo chī jiē

왕부정 서점을 지나 맥도날드 맞은편에 높이 약 10m로 건축된 중국 전통식 패루가 있다. 먹자골목이라 부르는 왕부정소흘가 입구다. 골목 안에는 약 100개의 상점들이 모여 있는데, 베이징 지역을 포함한 중국 각지의 간식거리와 토속음식들을 맛볼 수 있다. 특히 전갈, 해마 등 각종 곤충 및 해물로 만든 꼬치는 외국인 관광객들에게 유명한 전통간식이다(元25/3마리). 중국 현지인들은 즐기지 않는다.

More & More

왕부정대가 파헤치기

왕부정의 탄생

명나라 때에 황가 친인척의 저택들이 생기기 시작하더니, 청나라 때 이곳을 '왕부가'로 개칭했다. 당시 이들이 사용하던 우물이 있어 '왕부정'이라 불렀다. 청나라가 망하면서 생활고에 몰린 이들이 값진 보물들을 몰래 팔기 시작하면서 골동품점이 성황을 이루었다.

왕부정대가 즐기기

왕부정소흘가나 동화문 야시장의 주전부리도 많지만 쇼핑몰 곳곳에도 맛집이 많다. 동방신세계 지하 1층에 데판야키 전문점 '화우和牛'를 포함하여 다양한 음식을 맛볼 수 있는 '미식계美食界'가 있다. 애플 스토어가 있는 APM의 5층과 6층에는 초밥 전문점 반창서우쓰板长寿司, 동래순东来顺, 딘타이펑鼎泰丰, 아이스 몬스터 그리고 한국 음식점들이 있다.

추천코스 01

천단 공원(天坛公园)
텐탄궁위안 | tiān tán gōng yuán

Open	08:00~17:30(4~11월), 08:00~17:00(12~3월)
Cost	통표 元35(입장료+기년전+회음벽+원구단)
Address	北京市东城区天坛路甲1号
Access	지하철 5호선 톈탄동먼 역 출구A2, 동문 매표소

자금성을 중심으로 동서남북으로 천단天坛, 지단地坛, 일단日坛, 월단月坛이 있다. 명·청나라 황제들이 하늘과 땅, 해와 달에게 제사를 지내던 곳이다. 이 중에서 천단 공원은 황제가 하늘에 기우제나 다음 해의 풍년을 기원하는 제사의식을 치르던 곳이다.

천단 공원 찾아가기
천단 공원은 전문대가 남쪽에 있다. 지하철 5호선 톈탄동먼 역 출구A2와 직접 연결되어 있지만 시간이 없다면 택시로 이동하는 것도 좋은 방법이다.

둘러보기
지하철을 이용한다면 동문에서 남문으로, 택시로 이동한다면 남문에서 동문 방향으로 둘러보자. 고대 중국인들은 하늘은 둥글고 땅은 네모난 모양이라 생각하여, 하늘과 관련된 것은 둥근 형태로 만들고 땅과 관련된 것은 네모난 형태로 만들었다.

추천코스
남문 → 원구단 → 황궁우/회음벽回音碧 → 단폐교丹陛橋 → 기년전 → 장랑长廊 → 칠성석七星石 → 동문

원구단(圓丘壇)　위안추탄 | yuán qiū tán

황제가 하늘에 기도를 올리던 곳이다. 하늘을 형상화한 커다란 원형과 3층 제단 한가운데에 천심석天心石이 있다. 황제가 하늘에 고하는 제문을 읽던 자리이다.

황궁우(皇穹宇)　황충위 | huáng qióng yǔ

하늘과 바람, 구름, 해와 달 등 자연신의 위패와 역대 8대 황제의 위패가 모셔져 있는 사당이다. 회음벽回音壁은 벽에 대고 이야기를 하면 그 소리가 반대편에서 들린다고 한다.

기년전(祈年殿)　치녠뎬 | qí nián diàn

황제가 매년 정월마다 풍년을 기원하던 곳이다. 기년전에는 52개의 기둥이 있는데, 중앙에 있는 4개는 사계절을, 가운데 12개는 개월을 나타낸다. 36개 기둥 중 12개는 자시子時부터 해시亥時까지 하루를, 나머지 24개는 24절기를 나타낸다. 천장의 지름이 30m인 것은 한 달이 30일임을 뜻한다.

추천코스 02

십찰해 (什刹海)

스차하이 | shí chà hǎi

십찰해는 은정교銀錠橋를 두고 전해前海, 후해后海, 서해西海로 나뉜다. 그중에 전해, 후해를 가리켜 십찰해라고 부르는데, 그 이유는 이곳을 둘러싸고 10개의 사찰이 있었기 때문이다.

천단 공원에서 찾아가기

지하철 5호선 톈탄둥먼 역에서 동시东四 역까지 이동한다. 6호선으로 환승하여 베이하이베이北海北 역으로 이동한다. 출구D에서 도보 5분 거리에 하화荷花 시장 입구가 있다(총 7개 역/30분/元4).

둘러보기

하화 시장에 있는 스타벅스에서 출발하여 호수 주변을 따라 전해, 은정교, 후해를 돌아 연대사가煙袋斜街로 나가는 코스가 일반적이다. 십찰해는 곽말약郭沫若 기념관, 송경령 고거宋庆龄故居, 공왕부恭王府가 연결되어 있다.

Tip 후퉁胡同 투어

'후통 투어'는 낡은 자전거를 개조해서 만든 붉은 지붕의 인력거를 타고 호수와 인접한 골목길을 구경하는 것이다. 구불구불한 뒷골목의 손짓에 이끌려 발걸음을 옮기다 보면 골목골목마다 녹아 있는 중국인들의 일상생활을 엿볼 수 있다.

Open	24시간
Cost	무료
Address	北京市德内大街羊坊胡同甲23号
Access	지하철 6호선 베이하이베이北海北 역 출구D 도보 10분

추천코스 03

남라고항 (南锣鼓巷)
난뤄구샹 | nán luó gǔ xiàng

남라고항南锣鼓巷은 십찰해, 연대사가와 함께 베이징을 대표하는 후통 거리다. 십찰해가 카페와 바 그리고 식당들이 있는 유원지 같다면, 남라고항은 먹거리와 쇼핑 거리다. 또 다른 이름은 '지네 거리'라는 뜻을 가진 우궁제蜈蚣街다. 길게 뻗은 거리가 일정한 간격으로 형성되어 있어 그 모습이 마치 지네와 같다고 하여 붙여진 이름이다. 남라고항은 십찰해의 후통 거리와는 달리 차분하지만 걷다 보면 새롭고 재미있는 곳이 많다. 우리나라 삼청동과 인사동이 연상되는 거리다. 라이브 음악을 들으면서 다양한 전통간식과 먹거리, 바 그리고 기념품을 살 수 있는 곳이다. 해가 지기 시작하면 술집과 상점에 예쁜 불이 하나둘 켜지면서 낭만 넘치는 거리로 변하니 늦은 오후나 밤에 가보자.

◉ 십찰해에서 찾아가기

남라고항은 십찰해에서 도보로 10~15분 정도 떨어져 있다. 십찰해 사거리에서 오른쪽 길을 따라 걸으면 남라고항 북쪽 입구가 있다. 남라고항을 둘러보면서 남쪽 출구로 나가자. 지하철 6호선과 8호선 난뤄구샹 역으로 연결된다.

Open 24시(상점 10:00~23:00)
Cost 무료
Address 北京市 东城区 南锣鼓巷
Access 지하철 6호선 난뤄구샹南锣鼓巷 역 출구B, 또는 8호선 출구E와 연결

추천코스 04

싼리툰 빌리지 (三里屯 Village)

싼리툰 빌리지 | sān lǐ tún Village

베이징의 핫 플레이스이다. 베이징이라는 천년고도의 이미지와 다르게 싼리툰 빌리지는 세련되고 화려한 복합문화공간이다. 영화관, 쇼핑몰, 카페, 레스토랑, 바 등이 모여 있어 있다. 낮에는 이국적인 분위기의 가로수길을 따라 산책이나 쇼핑을 즐길 수 있지만, 밤에는 색색의 조명과 흥겨운 음악이 함께 흐르면서 거리가 아름답게 변한다.

📍 난라고항에서 찾아가기

지하철 6호선 난뤄구샹 역에서 후자러우呼家楼 역까지 이동, 10호선으로 환승하여 퇀제후 역에서 하차. 출구A에서 도보 10분 거리에 있다(총 5개 역/20분/元4).

👁 둘러보기

세계에서 가장 큰 아디다스 매장과 레고 디자인의 유니클로 매장이 눈에 들어온다. 그 뒤로 애플 스토어, 스와로브스키, 나이키, 몽블랑 등이 있다. 밤에는 라이브 연주와 함께 즐거운 나이트 라이프를 즐길 수 있고, 전 세계의 다양한 음식들을 맛볼 수 있다.

Open	24시간
Cost	무료
Address	北京市朝阳区三里屯路19号
Access	지하철 10호선 퇀제후團結湖 역 출구A에서 도보 10분 또는 지하철 2호선 동쓰스타오东四十条 역 출구B에서 도보 15~20분

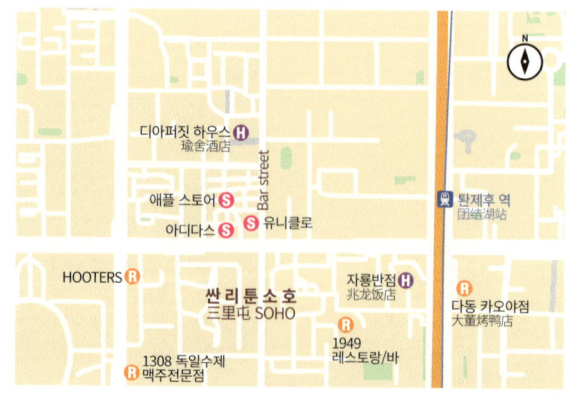

Beijing

선택코스 01

이화원 (颐和园)
이허위안 | yí hé yuán

서태후의 여름별장이다. 건륭제가 계획하고 서태후가 만들었다고 해도 된다. 서양 열강들의 침략, 농민들의 봉기, 관리들의 부패, 전염병 등으로 청나라는 대내외적으로 어려운 처지였으나 서태후는 이화원 공사를 추진하였다. 서태후가 없었다면 이화원도 없었을 것이다.

◎ 찾아가기
지하철 4호선 시위안西苑 역 출구C2에서 동문으로 도보 10분

◎ 둘러보기
인수전을 지나 장랑을 따라 만수산에 있는 불향각에 올라 곤명호를 내려다보자(Red Line). 유람선을 타고 동우가 있는 곳으로 이동하여 동문으로 나오는 방법(Black Line)과 소주가로 이동하여 베이궁먼北宫门 역으로 나오는 방법(Brown Line)이 있다. 이 중에서 유람선으로 이동하는 방법을 추천한다.

Tip
지하철 시위안 역 출구C1 또는 C2로 나오면 식당가가 있다. 패스트푸드점, 빵집, 한식철판 가게들이 있다. 이곳에서 가볍게 식사를 하거나 커피 한잔하면서 쉬어갈 수 있다.

Open 06:30~18:00(4~10월), 07:00~17:00(11~3월)
Cost 성수기 元30(통표 元60), 비수기 元20(통표 元50), 불향각 元10, 문창원 元20, 소주가 元10
Address 北京市海淀区海淀区新建宫门路19号
Access 지하철 4호선 시위안西苑 역 출구C2 또는 베이궁먼北宫门 역 출구D에서 도보 이동

인수전(仁寿殿) 　런서우뎬 | rén shòu diàn

황제가 행궁에 머물 때 정사를 돌보던 곳으로, 이화원의 파란만장한 역사를 끝까지 지켜본 산물이기도 하다. 광서제가 어린 시절부터 서태후 꼭두각시 역할을 하던 곳이기도 하다.

옥란당(玉澜堂) 　위란탕 | yù lán táng

광서제가 서태후에 의해 10년간 감금당한 곳이다. 이름뿐인 황제 역할을 하던 광서제는 어느 날 의문의 죽음을 맞는다. 이튿날 서태후 역시 사망하고, 권력은 어린 황제 푸이에게 넘어간다.

덕화원(德和园) 　더허위안 | dé hé yuán

건륭제가 신하들과 연회를 베풀던 곳이었지만 경극을 좋아하던 서태후가 중국 최대의 경극장, '대희루大戏楼'로 탈바꿈시켰다.

낙수당(乐寿堂) 　타이허뎬 | tài hé diàn mén

서태후의 침실로 사용되던 낙수당은 휴식, 정무, 식사, 탈의 등 다양한 목적을 위한 방들로 구성되어 있다. 서태후가 말년을 보낸 이곳은 중국에서 가장 먼저 전등으로 불을 밝힌 곳이기도 하다.

장랑(长廊) 　창랑 | cháng láng

인수당에서 불향각 입구까지 이어지는 길은 세계에서 가장 긴 회랑이다. 장랑의 기둥과 천장에는 중국 고대전설과 신화, 민속작품들이 그려져 있다.

Tip

만수산 불향각은 남향이다. 해가 인수전 쪽에서 떠서 청안방 쪽으로 진다. 아침에는 동궁문东宫门에서 북궁문北宫门 방향으로, 오후에는 반대 방향으로 돌아보는 것이 좋다. 제한된 시간 안에 돌아봐야 한다면 동궁문에서 장랑을 거쳐 불향각에 올라 곤명호를 보자. 그리고 유람선을 타서 불향각을 보며 십칠공교로 이동하는 것을 추천.

만수산(万寿山) `완서우산 | wàn shòu shān`

배운문排云门을 지나 덕휘전德辉殿 뒤에 있는 114개의 계단을 오르면 만수산의 불향각이 나온다. 서태후는 매월 음력 초하루와 보름날이면 향을 피우고 불향각에서 예불을 드렸다.

불향각(佛香阁) `포샹거 | fó xiāng gé`

불향각은 3층 4겹의 처마 지붕으로 산등성이에 높이 세워져 있어 그 웅장함을 자랑한다. 불향각에 올라 곤명호를 내려다보면, 서태후가 왜 그토록 이화원을 사랑했는지 알 수 있다.

청안방(清晏舫) `칭옌팡 | qīng yàn fǎng`

대리석으로 만든 배 청안방清晏舫은 보통 석방石舫이라고도 한다. 서태후가 차를 즐겨 마시던 곳으로 전해진다.

곤명호(昆明湖) `쿤밍후 | kūn míng hú`

10만여 명의 인력이 삽으로 퍼서 만든 70만 평의 인공호수다. 그 흙을 쌓아 만수산을 만들고 그 위에 불향각을 세웠다고 한다.

십칠공교(十七孔橋) `스치쿵차오 | shí qī kǒng qiáo`

곤명호 위에 떠 있는 작은 섬을 연결하는 다리다. 이름의 유래는 돌다리 밑의 교각 사이에는 17개의 구멍이 나있기 때문.

동우(铜牛) `퉁뉴 | tóng niú`

십칠공교 앞에 있는 동铜으로 만든 소다. 동우는 풍수지리에 의해 곤명호가 넘치는 것을 막기 위해 만들어졌다.

PART 5
베이징의 먹거리

전취덕 본점
Tel 010-6701-1379
Address 北京市东城区东城区前门大街30号

편의방 선어구鲜鱼口 점
Tel 010-6713-2535
Address 北京市东城区鲜鱼口街65-77号

추천1 베이징 오리고기, '베이징 카오야烤鸭'

베이징에서 제일 유명한 음식은 베이징 오리고기다. 중국인들은 이를 '베이징 카오야'라고 부르는데, '카오야'는 '구운 오리고기'라는 뜻이다.

베이징 오리고기의 사육법과 요리법

각종 곡식과 광물질이 풍부한 미네랄 워터를 먹여 키운 오리를 배를 가르지 않고 항문으로 내장을 빼내고, 뜨거운 물에 잠깐 넣어 털을 뽑는다. 그 다음 뱃속에 공기를 집어넣어 팽팽하게 만든다. 이 방법을 사용하는 이유는 오리 껍질과 살 사이에 붙어 있는 기름이 없어져 느끼한 맛이 덜해지기 때문이다.

베이징 오리고기의 원조

전취덕의 오리구이가 베이징 오리고기의 원조라고 알려져 있지만, 사실은 그보다 훨씬 빠른 명나라 때부터 전해 내려오는 원조가 있다. 바로 600년 전통의 편의방便宜坊이다.

베이징 오리고기 맛있게 먹기

오리 목 뒷부분의 껍질을 먼저 썰어 주는데 윤기가 흘러 느끼할 것만 같지만 먹으면 부드러워 입 안에서 녹는다. 설탕에 찍어 먹어도 고소함이 살아난다. 부드러운 오리구이는 파채와 함께 밀전병에 싸서 먹으면 쫄깃하고 담백하게 즐길 수 있다.

전문대가에서 즐기는 베이징 명물

추천2 건륭제의 핫 스폿, 도일처都一處

1738년에 세운 소맥 전문점이다. 소맥은 고기와 해물, 야채 등을 갈아 얇은 밀가루 피로 빚어 만든 만두와 비슷한 음식이다. 만두보다 피가 얇고, 꼭지가 마치 꽃이 핀 형상을 띠고 있어 귀봉두鬼蓬頭라고 한다. 귀신의 흐트러진 머리와 같이 화려하다는 뜻이다.

Cost　元42/8개
Address　北京市东城区前门大街38号(大栅栏东口)

추천3 또 다른 차원의 양고기 요리, 동래순东来顺

중국인들에게 양고기는 우리나라의 소고기와 같다. 양고기 샤브샤브인 쇄양육涮羊肉은 베이징 오리고기와 더불어 베이징의 대표음식이라고 할 수 있다. 동래순은 부드러운 양고기 샤브샤브로 중국에서 가장 유명한 쇄양육 전문점이다.
쇄양육은 양고기 특유의 비린내를 제거하기 위해 신선로에 양송이버섯 육수에 생강과 파를 넣고 끓인다. 양고기는 5초 정도만 익힌 뒤 꺼내 다양한 소스를 선택해서 찍어 먹는다. 육수는 매운 맛과 순한 맛, 두 가지가 있으며 두 가지 육수를 한 번에 맛볼 수도 있다.

Open　11:00~21:30
Tel　010-6316-5836
Address　西城区大栅栏街7号2层

추천4 서태후를 사로잡은 구불리狗不理 만두

대관루大观楼 맞은편에 있는 가게 앞에는 대신처럼 보이는 사람이 늙은 노파에게 굽실대며 만두를 바치는 모습의 청동상이 있다. 그 유명한 구불리 만두다. 위안스카이袁世凯가 만두를 먹어보고 그 맛에 감탄한 나머지 서태후에게 바치는 장면이다.

Open 09:00~23:00
Tel 010-6353-3338
Address 西城区大栅栏街18号大栅栏购物中心1层

> **Tip**
> 장육만두, 채소만두, 새우만두, 게살만두 등이 있는 모듬 세트를 추천. 흔히 맛볼 수 없는 달콤한 구불리 맥주도 함께 마셔보자.

추천5 전통문화를 한곳에서 즐기기, 노사차관老舍茶館

중국의 희곡, 먹거리, 차 문화 등 중국의 전통문화를 한곳에서 즐길 수 있다. 매일 저녁 두 시간씩 중국의 희극, 전통무용, 잡기, 전통무술과 전통악기 연주 그리고 사천경극 공연 등 베이징 문화를 감상할 수 있다.

Open 10:00~22:00
Tel 010-6303-6830
Address 前门西大街正阳市场3号楼

시원한 맥주 한잔 또는 삼겹살에 소주 한잔은 어디가 좋을까?

중국 요리가 세계적으로 유명하지만 강한 향신료나 독특한 맛이 우리에게 익숙하지 않을 수도 있다. 우리에게 친숙한 중국 요리도 한두 번은 즐겨도 매일 반복되는 것은 싫증나기도 한다. 하루 정도는 느끼한 맛보다 얼큰한 찌개에 소주 한잔이 생각난다. 북적거리는 사람들 속에서 시원한 맥주 한잔도 생각난다. 답답한 숨통을 트이게 해줄 베이징의 나이트라이프 거리를 소개한다.

추천1 싼리툰 빌리지
싼리툰 빌리지는 대표적인 바 거리다. 호객 행위가 부담스럽다면 호프 체인점 청개구리Blue Frog, 수제맥주전문점 경후A, 독일수제맥주 전문점 DK1308과 Hooters 등 싼리툰 빌리지 주변에는 합리적인 가격대의 안주와 함께 생맥주 한잔을 즐길 수 있는 곳이 많다.

추천2 십찰해와 남라고항
라이브 바와 카페들이 몰려 있는 바 거리다. 옆 사람과 대화하기가 어려울 만큼 라이브 음악 소리가 크고 관광객들이 넘치는 곳이다. 혼자 음악을 들으면서 술 한잔하고 싶다면 추천(생맥주보다는 병맥주를 판매한다).

추천3 켐핀스키 호텔 주변
지하철 10호선 량마차오 역과 연계된 '파울라나 브로이하우스 Paulaner Brauhaus'는 외국 국빈들도 즐겨 찾는 독일수제맥주 전문점이다. 지하 1층에는 한국식당 '서라벌(신관, 구관)'이 있다. 비즈니스 손님을 모시고 한국음식을 즐기기 적합하다.

추천4 솔라나 蓝色港湾, SOLANA 와 호운가 好運街
세계음식 전문거리 '호운가'와 쇼핑몰 '솔라나' 또한 추천할 만한 곳이다. 특히, 솔라나에서는 한국 음식과 더불어 세계 여러 나라의 음식을 파는 식당들이 많이 있다. 또한, 호숫가에는 라이브 음악을 즐길 수 있는 바들도 있다(량마차오 역에서 도보 10분).

PART 6
쇼핑 거리

베이징에서 쇼핑을 한다면 무엇을 살까? 대표적으로 전통차, 과자, 바이주白酒, 짝퉁제품, 골동품 등이 일반적이다. 살 만한 물건이 없다면 천천히 거리를 거닐자. 아기자기한 소품 및 다양한 아이디어 제품을 발견할 수도 있다. 재래시장의 또 다른 재미는 가격 흥정이다. 합리적인 수준에서 협상해야 한다.

홍교시장 또는 수수가

중국여행의 필수코스로 자리 잡은 짝퉁시장과 전통시장 투어다. 베이징에서 가장 역사가 오래된 곳은 천단 공원 앞에 있는 홍교시장과 장안대로에 있는 수수가다. 특히 베이징의 동맥과도 같은 장안로長安路 한복판에 버젓하게 세워진 수수가는 외국인 관광객들의 필수 관광코스다. 진주시장Pearl market이라 불리는 홍교 시장은 보석류 제품에 특화되어 있으며, 수수가는 실크 제품, 의류 및 가죽제품이 특화되어 있다. 두 곳 모두 이미테이션 제품도 취급하지만 수수가가 더 높은 평가를 받고 있다. 가장 많이 선호하는 제품은 시계, 블루투스 헤드셋 등 전자제품, 가방이나 지갑 등 가죽제품이다.

남라고항

예쁘고 아기자기한 상점들, 카페와 바, 그리고 다양한 전통 먹거리 가게가 모여 있는 곳이다. 여행 기념품도 사고, 라이브 바에서 음악을 들으며 술 한잔을 하며 여행을 즐길 수 있는 곳이다. 베이징 전통가옥을 개조한 식당과 카페, 호텔들이 골목골목 옛 정취를 간직하고 있다. 남라고항 골목길의 가로등이 하나둘 켜지면 베이징의 모습은 사라진다. 또 다른 거리의 모습이 관광객을 맞이한다. 십찰해의 바 거리와 함께 둘러보면 여행의 즐거움도 두 배가 된다. 대표적인 쇼핑 리스트는 중국풍의 향수와 액세서리, 전통 간식거리, 향초와 전통공예품들이 있다.

> **Tip** 마사지로 피로 풀기
>
> 중국에서 발 마사지는 보편적이다. '족足'이라는 네온사인이 걸린 가게는 발 마사지 숍이다. 베이징의 발 마사지 체인점은 '양자良子'다. 발 마사지는 위생이 중요하니 가격보다는 깨끗한 곳을 이용하자. 가격대는 90분 기준 元100~180 수준이다.

반가원 골동품 시장

가장 중국스러운 물건을 사고 싶다면 반가원 골동품 시장으로 가자. 골동품뿐만 아니라 액세서리, 기념품, 고서적부터 인테리어 소품까지 살 수 있다. 이른 아침부터 사람들이 몰리는 반가원 골동품 시장은 흔히 도깨비 시장이라고도 부른다. 이름과 달리 골동품만 취급하는 것이 아니다. 찾는 물건이 반가원 골동품 시장에 없으면 중국에 없다고 말할 정도다. 찾는 제품이 있다면 간절한 마음으로 찾아보자. 단, 고가의 제품이나 희소성 있다고 말하는 제품이라면 구매하지 말자. 100% 모조품이다.

왕부정대가

베이징 천안문과 어깨를 나란히 할 정도로 유명한 관광지다. 베이징 최고의 쇼핑 거리는 왕부정대가다. 왕부정은 동방신천지东方新天地, 신동안 시장을 비롯해 대형 백화점과 상점들이 즐비하게 늘어서 있다. 화려한 네온사인 속에 자리한 옛 베이징 거리 동방 광장에는 백 년 이상의 전통을 이어온 상점들도 곳곳에 보인다. 또한 왕부정대가는 음식점 천국이라는 별명도 가지고 있다. 왕부정 소흘가나 동화문 야시장도 유명하지만 쇼핑몰 곳곳에 세계적인 음식점들이 많이 있다. 행복한 고민을 하게 만드는 왕부정은 베이징 제일의 거리다. 참고로 왕부정대가는 유명한 쇼핑 거리이지만 이곳에서의 쇼핑은 추천하지 않는다.

> **Tip 매장의 척折과 퍼센트의 차이**
>
> 중국은 척과 퍼센트를 함께 사용한다. 둘 다 가격 할인율을 뜻하지만 구별해둘 필요가 있다. 예를 들어 '30% 인하'는 판매가격에서 30% 인하된 가격으로 판다는 뜻이며, '3척'은 판매가격의 70%에 판매한다는 뜻이다.

전문대가

왕부정이 베이징 제일의 명품거리라면 전통적인 재래시장은 어디일까? 전통을 고집한다면 전문대가를 추천한다. 이곳은 과거와 현재가 공존하는 베이징 제일의 상업지구다. 청나라 시대의 상가 모습을 그대로 재현하고 있고, 백 년 이상 된 상점들이 그 자리 그대로 문을 열고 있으니 이곳을 찾은 여행자의 모습만 변화할 뿐이다. 정양문에서 천단로까지 약 1km에 걸쳐 조성된 복고풍의 정비된 거리에는 차도 없고 곧게 뻗어 있어 천천히 구경하기 좋다. 쇼핑보다는 청나라 시대의 거리를 걸으며 당시에 유행하던 패션과 먹거리를 찾는 즐거움이 더 큰 곳이다. 과거로 돌아가는 트램도 운행하고 있다.

> **Tip 중국의 선물 문화**
>
> 중국에서는 기피하는 선물들이 있다. 탁상시계나 괘종시계를 종钟, zhōng이라고 한다. '시계를 선물하다'는 쑹중送钟, sòng zhōng이다. 마지막으로 임종을 지켜보거나 장례를 치른다는 단어의 발음과 같기 때문에 시계 선물을 기피한다. 또 부채와 우산도 기피한다. 부채扇子, shànzi와 우산雨伞, yǔsǎn의 '싼'은 헤어진다는 의미의 싼散, sǎn과 발음이 같기 때문이다. 선물 포장지는 중국인들이 좋아하는 금색이나 붉은색이 좋다.

SELF TRAVEL 세계여행 가이드북 시리즈

한국인이 쓴 한국인을 위한 셀프트래블은 실속 있고 감성적인 여행정보를 담은 프리미엄 가이드북입니다.

SELF TRAVEL 의 장점!

① **휴대용 미니 맵북**은 물론 지역별 상세지도, 손지도 수록
② **한국인이 직접 쓴 맞춤 셀프트래블**이 가능한, 프리미엄 가이드북
③ 나라별 특성에 맞춰 **테마별, 동선별 가이드와 핵심 코스를 구성**하여 제시

www.esangsang.co.kr

상상출판